熊野 神と仏

KUMANO Kami to Hotoke

原書房

花《はな》の窟《いわや》（熊野市）

お滝さん（本宮町）

大斎原《おおゆのはら》（本宮町）

中千本（吉野山）

口絵写真

●

鈴木　理策　Suzuki Risaku

目次

熊野考　植島啓司

あまたの神と仏　田中利典

熊野という原点　九鬼家隆

鼎談

熊野考

植島啓司
宗教人類学者

一　神仏習合

世界遺産「紀伊山地の霊場と参詣道」がなんといっても他の世界遺産と決定的にちがうのは、熊野三山、吉野・大峯、高野山というそれぞれ異なる宗教の聖地を中心にして、まるで網の目のように参詣道が結ばれていることではないかと思う。なにしろ「吉野から熊野本宮大社へ」「お伊勢さんから那智大社へ」「熊野本宮大社から高野山へ」とつながるわけだから、これはけっして尋常なことではない。いわゆる神道、修験道、仏教（真言密教）という異なる宗教が道で結ばれており、それぞれに参詣する人々がそこを自由自在に移動するなどということは世界中のどこにも存在しない現象なのである。

似たようなことで世界遺産に取り上げられたスペインのサンティアゴ・デ・コン

ポステラにしても、キリスト教という単一の宗教を前提にしたものであり、そういうことであるならば、アラビア半島のメッカ、エチオピアのハラル、インドのベナレスのように、他にも見られないことはない。ただし、キリスト教徒はあくまでも教会やキリスト教の事跡をめぐり、イスラム教徒はモスクやイスラム教（イスラーム）ゆかりの地を目指すわけで、それらが入り混じることはありえない。ということは、いかに日本の風土が異なる宗教に対して寛容であったかということでもあるし、それぞれが互いの教えに対して敬愛と尊崇の精神をもって対応してきたかということでもある。

いわゆるハンチントンの「文明の衝突」[1]ではないけれど、いつかはキリスト教文明とイスラム教文明のように異なる文明（宗教）同士が衝突せざるをえない運命にあるという見解を唱える人々がいて、9・11《セプテンバーイレブン》などはまさにそのいい証拠ではないかと主張するわけであるが、世界遺産「紀伊山地の霊場と参詣道」はそれとは決定的に相反する「日本的な」モデルとなるのではないかと期待されている。つまり、さまざまな文明が調和的に共存するための鍵がそこに隠されているのではないかというのである。

異なる宗教の共存という点では、もちろん、インド・ネパールにおけるヒンドゥー教と仏教の共存や、エチオピアにおけるキリスト教、ユダヤ教、イスラム教の共存なども見逃すことのできない事実ではあるが、いずれも「紀伊山地の霊場と参詣道」のように緻密な巡礼のネットワークで結ばれたりはしていないし、それぞれの聖職者が他の宗教の聖地を参拝するというようなこともけっして起こらないのである。

まあ、それはともかくとして、では、「紀伊山地の霊場と参詣道」はどのように形成されてきたのだろうか。神道、修験道、仏教（真言密教）のみならず、いまだ道教や陰陽道などの教えも生きているということは、そこが教理を超えた特別な空気

を感じさせる場であったことをうかがわせるものである。つまり、それらの結びつきは、いわゆる「神仏習合《しんぶつしゅうごう》」「本地垂迹《ほんじすいじゃく》」などの言葉で表わされるよりも、はるかに根源的なものではないかということである。熊野本宮大社の九鬼家隆宮司も、吉野金峯山寺の田中利典執行長も、そうした結びつきの強さについては異口同音に認められており、もしかしたら神道と仏教とは「はなから」習合していたのではないかとまで考えられている。

ここで歴史をひもとけば、神道という言葉が最初に文献に現われたのは、『日本書紀』用明天皇のくだり、「天皇は仏法を信じ、神道を尊ぶ」であるとされている。六世紀終わりごろのことで、その表現からして、当時は仏教も神道もほぼ同列に評価されていたことがわかる。ご存知のように仏教が大陸から入ってきたのは六世紀中ごろ（『上宮聖徳法王帝説』および『元興寺縁起』によると五三八年、『日本書紀』によると五五二年とされている）とされており、それからまだあまり日時が経過していないことに注目されたい。そうなると、それほど急激に両者の和合が進展したと考えるほうがむしろ不自然ではないかという疑問も生じてくる。もっとはるか以前から両者のあいだには切り離しがたい共通性があって、それらをめぐる差異を強調しはじめたのが六世紀終わりのことだと理解したほうが自然ではないかと思われるのである。

それについては、C・ギアツの『二つのイスラム社会』がいいヒントになるかもしれない[2)]。そこでは、モロッコとインドネシアのイスラム教が、同じイスラム教国とはいってもどんなに異なっているか、そして、両国のイスラム教がそれぞれの土着的な信仰といかに似ているか、という問題が議論されている。神道と仏教との関係を論じる場合にもそうした視点は不可欠であろう。最初から異なる二つの宗教として固定的にとらえるべきではないのである。

もう一度繰り返すが、仏教の正式伝来については、いまでも学校の教科書に六世紀半ばのことであると書かれているわけだが、ただし、それはあくまでも文献上のことであって、実際には、もっとはるか以前から仏教は日本の自然風土の中に溶け込んでいたのである。公的な仏教伝来と民間における私的な信仰とのあいだには一世紀ほどの開きがあっても不思議はない。

たとえば、三世紀末の中国の史書『魏志倭人伝』は、ご存知のように卑弥呼の時代（一七五～二四八年）について書かれたものであるが、そこには占いについて、

「その俗挙事行来に、云為《うんい》する所あれば、輒《すなわ》ち骨を灼きて卜《ぼく》し、以て吉凶を占い、先ずトする所を告ぐ。その辞は令亀の法の如く、火坼《かたく》を観て兆を占う」

人三年殯於外庶人卜日而瘞及葬置屍船上陸地牽之
或以小轝有阿蘇山其石無故火起接天者俗以爲異因
行禱祭有如意寶珠其色青大如雞卵夜則有光云魚眼
精也新羅百濟皆以倭爲大國多珍物並敬仰之恒通使
往來大業三年其王多利思比孤遣使朝貢使者曰聞海
西菩薩天子重興佛法故遣朝拜兼沙門數十人來學佛
法其國書曰日出處天子致書日没處天子無恙云云帝
覽之不悅謂鴻臚卿曰蠻夷書有無禮者勿復以聞明年
上遣文林郎裴清使於倭國度百濟行至竹島南望聃羅
國經都斯麻國迥在大海中又東至一支國又至竹斯國
列傳四十六　隋書八十一　十五

隋書倭国伝

と書かれてはいるものの、仏教が導入されているという形跡はうかがえない。また、五世紀の『宋書倭国伝』には、倭の五王についての記述はあるが、宗教・風俗についての記述はほとんど見られない。いよいよ七世紀に書かれた『隋書倭国伝』に至ってようやく仏教についての記述が登場することになるのだが、そこに

は仏教以前の山岳信仰についての記述もあって、なかなか興味深いことになっている。

もう少し詳しく見てみよう。

まず、『隋書倭国伝』には、六〇七年に遣唐使によって届けられた聖徳太子の国書についての記載がある。聖徳太子の有名な記述「日出《ひい》ずる處《ところ》の天子、書を日没《ひぼっ》する處の天子に致す、恙《つつが》なきや」について、隋の煬帝が怒りをあらわにしたと書かれている。そして、さらに、遣唐使の言葉として、「海西《かいさい》の菩薩天子、重ねて仏法を興すと聞き、故に遣わして朝拝させ、兼ねて沙門《しゃもん》数一〇人を仏法の修学に来させた」と続いており、多くの人々が仏法を学びに交流を深めている様が見てとれよう[3)]。

こうした記述からして、六世紀の仏教の正式伝来からわずか半世紀ほどで、仏教は日本の社会にかなりの勢いで浸透しはじめていたと受け取られるわけであるが、注目すべきは阿蘇信仰についての記述であり、いわゆる仏教の正式伝来以前の山岳信仰の隆盛についての記載が残されている点である。

二　山岳信仰

それについては、拙著『世界遺産 神々の眠る「熊野」を歩く』（集英社）でも触れたことであるが、『隋書倭国伝』には、聖徳太子の登場に先立って、仏教導入以前の阿蘇信仰について以下のような記述がある。

阿蘇山あり。その石ゆえなくして火を起こして天に接し、俗人はこれを異となし、よって祭祀をとりおこなう。如意宝珠あり。その色は青く、鶏卵のような大きさで、夜には魚の眼のように光る。

阿蘇山がある。そこの石は理由もなく火が起き天にまで至る。俗人は特別なことと考えて祈祷を行う。願望を成就させる宝珠がある。その色は青く、鶏卵ほどの大きさで、夜にはまるで魚眼のように光る。

　ここであえて阿蘇信仰について触れられているのは特別な意味をもっており、その独特の火山信仰が、当時の日本列島において大きな役割を果たしていたことを明らかにしている。そうでなければ、大和平野を訪れた隋の使いがわざわざ阿蘇についてそうした記述を残した意味が理解できないだろう。もちろんそれは道教、陰陽道などと入り混じった呪術的な性格の濃いもので、それだけを取り出して「仏教」と呼ぶにはいかにも不都

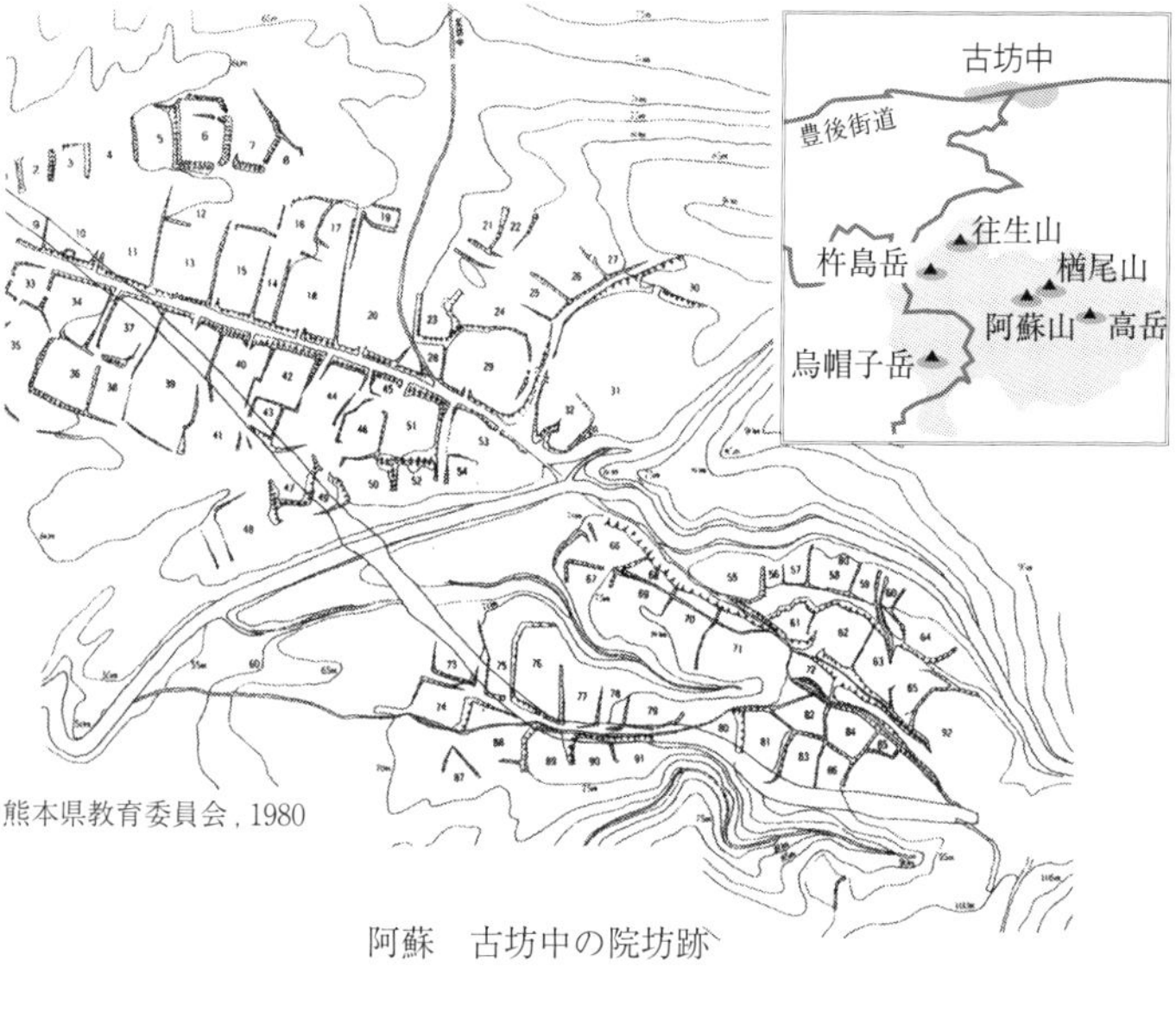

熊本県教育委員会, 1980

阿蘇　古坊中の院坊跡

合なものであったかもしれない。

その後、阿蘇では八世紀ごろからさらに積極的に仏教が取り入れられるようになり、いまではとても想像もつかないが、阿蘇の火口付近は三七坊中五一庵が立ち並ぶ一大霊場と化したことが知られている。それぞれの修行者が独自のやり方で行っていた修行が、時代とともにいよいよ仏教的色彩を強めていったことがうかがわれる[4]。

そうした経緯を考えると、熊野が果たした大きな役割もおぼろげに浮かび上がってくるのではなかろうか。紀伊半島南部一帯にも火山信仰が広く行われており、多くの山林修行者、聖《ひじり》、優婆塞《うばそく》、修験者らがそこに集まって庵を編み、修行に明け暮れていた形跡が見てとれるからである。吉野・大峯の他にも、大丹倉《おおにぐら》や太郎坊権現、

古座川の嶽《だけ》の森山（嶽《だけ》さん）など枚挙に暇がない。おそらく高野山も空海が八一六年に金剛峰寺《こんごうぶじ》を開山するまでは、多くの山林修行者がそれぞれに庵を編んで修行に励んだそうした聖域のひとつであったにちがいない。

熊野が阿蘇と似通っているという点では、かつてそこに巨大なカルデラ火山が存在していたという点をまず指摘しておかなければならない。二〇〇七年八月の中日新聞に、「約一五〇〇万年前、尾鷲市付近に阿蘇山級のカルデラ火山があったことがわかった。東西一〇キロ・南北一五キロほど、紀伊半島では奈良県や和歌山県でもカルデラ火山が見つかっている」という記事が掲載されている。かつては熊野にも巨大なカルデラ火山が存在しており、それゆえに世界でも有数の鉱物資源の宝庫とされていたのである。

ご存知のように、修験の足跡を追うと、そこには必ずカルデラ、マグマ、滝、柱状節理、温泉、鉱物資源などが見られるが、それらはいずれも火山活動と密接にかかわってくる。いうまでもなく、火山は強磁性（鉄のように強い磁気を帯びやすい性質）の鉱物を含む岩石からなっており、そのために周辺の地磁気とはかなり違った分布（地磁気異常）を示すことも少なくないわけで、そのことがどれだけ実際に人体に対して影響力を持つかは明らかではないが、この世のすべての生き物が磁力と重力とによって支配されていることを考慮に入れるならば、まったく無視するというわけにもいかないのではなかろうか。

熊野本宮大社の九鬼宮司は、シンポジウムにおいて、吉野・大峯奥駈の拠点のひとつである玉置神社との直接的な関係については否定しておられるが、それでも熊野のどこかに玉置神社の遥拝所があったことは認めておられる。

ぼくが調査したなかでも熊野の川湯温泉の近くにあるホコジマなどには、やはり玉置神社とのつながりを表わす以下のような言い伝えが残されている。

樹岩一体

川湯温泉の背後にある飯盛山の頂近くには、かつて巨大な岩がそそり立っていたと伝えられている。高さ一〇メートル、周囲一五メートルというのだから、かなりの巨岩だったことがわかる。それが地元の人々がいう「ホコジマ」（熊野では自然の岩石のことをシマと呼ぶ）である。本宮旧社家だったこの地方の有力な二家がこの岩を祀っていたことが知られており、神武天皇のとき、高倉下命《たかくらじのみこと》がここで剣を得たとも伝えられる。いわば、それは神倉神社におけるごとびき岩のような存在だったと思われる。

ホコジマ

川湯温泉の大村屋のおばあさんに聞いたところでは、すぐ裏の山を上ってトンネルの真上あたりを目指して進んでいくと、道が四つに分かれるところに出る、そこを右に進めばよいとのことだった。かつてはキノコがよく採れたので出かけることもあったが、川湯からでもおよそ四〇分はかかるそうで、このところ行った人はほとんどいないのではないかという。かなり急なところもあるし、熊はいないが猿が悪さをすることもあるのでよく気をつけたほうがいいと忠告してくれた。

さっそく出かけてみた。たしかに人が上った形跡はなく、道をいっぱいにふさぐ倒木があったり、落ち葉が道いっぱいに深く積み重なっている箇所があったりで、歩きにくいことこの上なかった。ようやく教えられた四辻に出ると、右のホコジマに向かう道には素朴な鳥居がかかっており、いよいよ到着かと思うと、そこからまた急な斜面がつづき、さらにかなりの道のりを登ることになる。そして、いよいよ息が切れたころに二番目の鳥居が見えてきて、ようやくホコジマに到着することになるのである。幾度かの大地震で壊滅的な打撃を

ハチジョウさん

受けたということで、たしかにかつての面影はほとんど残されていないが、なにしろよく風が通るのにびっくりさせられる。これも聖地特有の現象のひとつで、体感温度が急に何度か下がるように感じられる。ここに来るまでにも見通しのいいところはあったけれど、ここまで来てはじめて風を感じることになるのは果たして偶然のことだろうか。

安政六年にここに登った熊代繁里《くましろしげさと》は、紀行文「熊野日記」のなかで、高倉下命の伝説を記したあとで、「巌のたけ三丈ばかりなるがそそり立ちて、その下つかたに洞あれど、地震などにてさけたるさまにて、さる神代の跡とも見ず」と書いている。巨岩は二度の大地震で数十メートル下の谷間に滑り落ち、いまも残るは土地の人々がハチジョウさんと呼ぶ洞穴のある部分のみ。そこにはホコジマのお使いが住んでおり、昔から供物（生魚）をおいて岩のまわりを三度まわるうちに必ず供物はなくなっているという。おそらく狼のしわざではないかとも伝えられている。

ここが古くからの山林修行者の信仰の地であることは明らかであって、玉置神社との関係についてもわずかながら言い伝えが残されている。熊野をめぐっては縦横無尽に山林修行者の行跡がはりめぐらされているわけだが、その名残のひとつであることは間違いなさそうである。そうした信仰がいつしか集められて、熊野をめぐる大きな信仰のネットワークがかたちづくられてきたわけである。では、いったい人は何を求めて熊野まで出かけていったのか、そして、そこで何を行おうとしたのか、ということをさらに考えてみたいと思う。

三．いほぬし［庵主］

増基《ぞうき》法師が一〇世紀に著した『いほぬし』という紀行文によれば、増基は京都から中辺路《なかへち》を通って熊野本宮に行き、そこから熊野川を下って、伊勢路経由で京都に戻ってくるのだが、その行程約一ヵ月。彼は本宮に到着した折のことを次のように記している。

それより三日といふ日、御山につきぬ、ここかしこめぐりて見れば、あむじちども二三百ばかり、をのがおもいおもいにしたるさまもいとおかし、したしう知りたる人のもとにいきたれば、みのをこしに、ふすまのようにひきかけて（下略）

寺西貞弘はこれを以下のように解釈している。「ここで記されている『あむじち』とは、前後の脈絡から考えて、「庵室」のことであろう。すなわち、彼が本宮の山内で目にしたものは、二〇〇～三〇〇にも及ぶ庵とそれを営む多くの人々であった。しかも、京都から熊野を訪れたはずのいほぬしが、「したしう知りたる人」と表現する人がそのような庵を営んでいることから、これらの人々は熊野地方の人々ではなく、京都やその他から熊野を訪れた参詣者であったと思われる」[5)]。

われわれは後の熊野御幸《ごこう》のイメージからして、つい往復の道中の困難さに目をとらわれがちであるが、むしろ、はるばる熊野までやってきてすぐに戻っていった人々のほうが少数派で、多くの人々はかなり長時間そこに滞在したにちがいないのである。「けいめい（鶏鳴）すれば、さて鐘打てば、御堂へまいらぬ」とあるように、彼らの多くはやはり粗末な庵に住み、朝から御堂に集まって祈りを捧げ、その後はおのおのの修行に取りかかるのだった。

熊野での参籠《さんろう》については、『日本霊異記』（八二二年ごろ成立）に記載されている永興禅師《えいごうぜんし》の山林修行（八世紀）がかなり早い例で、それにつづいて浄蔵《じょうぞう》の那智山入り（九一五年）があり、さらに、一〇世紀後半の増基『いほぬし』となるわけであるが、それらの多くが目指したのは「籠り《インキュベーション》」ということであって、修行や夢や祈りを通じてなんらかの啓示を得ることであったと思われる。それにしても、その数二〇〇

嶽の森山山頂

〜三〇〇というのだから、けっして少なくない数字である。それだけでも、いかに古くからそこが特別な修行の地であったかということが知られよう。

これまで調査してきた結果、紀伊半島南部一帯には山林修行者らの行場が数多く発見されており、それらのネットワークの中心に吉野・大峯から熊野本宮大社に至るいわゆる大峯奥駈道が位置していることがわかっている。そこで修行した人々の活躍なしには日本の宗教史は語れない。七世紀に実在したとされる修験道の開祖・役行者《えんのぎょうじゃ》（小角《おづぬ》・六三四年生まれ）もその一人であり、吉野にある修験道の総本山・金峯山寺の開山が七世紀とされているのも、おそらく役行者とのつながりを強調するためであろう。そこに祀られる蔵王権現が神でも仏でもなく「権現」（神仏の仮の姿）であることはなかなか意味深いことで、むしろ、長い歴史をもつ山岳信仰にまつわる神格にあえて実体を与えたものと考えられよう。神道にも仏教にもない日本独自の神格として祀られている。

役行者については、『日本霊異記』に、「山中に修行し、孔雀経の呪法を修め、不思議な験力を示す仙術を身につけ、鬼神を自在に駆使することができた小角は、半僧半俗の修行者をいう優婆塞とよばれ活躍したが、葛城山の一言主大神の訴えによって伊豆の島に流された」とある[6]。かつて、多くの山林修行者や聖《ひじり》、優婆塞《うばそく》らがさまざまな場所で仏教、道教、陰陽道《おんようどう》などの教えを実践していたことは先にも述べたとおりだが、たとえそれが加持祈祷、病気治療のお呪い、魔物退散の呪法など、いささか猥雑なものを含んでいたとしても、それゆえにこそ信仰が大きな力を獲得しえたといえないこともない[7]。

五来重《ごらいしげる》も、修験道について、「そのなかには神祇《じんぎ》信仰も仏教信仰も陰陽道信仰もとりいれられているが、それは庶民の宗教的要求に合うよう変容して摂取されているのである。だから、山伏の本尊や、祈祷や、唱え言や、お札の符などもきわめて雑多である。その点が神官からも僧侶からもきらわれる理由のひとつであるが、民衆はドグマにとらわれずに主体的に自己主張するのだし、その主張に合うものならば何でもとりいれる。したがって修験道は日本人の宗教のすべての要素を包含して

54・宇狭山
（宇佐・御許山）
55・阿蘇山
56・朝蔵山
57・御笠山
（宝満山）
58・宗像山
59・表影山
（面影山）
60・磐国山
61・厳島
62・武部山*
63・湯川
64・黒髪山
65・弥高山
66・榲垂山
（塩垂山）
67・青山
68・赤山*
69・八上山
（矢上山）
70・手間山
71・杵築社
（出雲大社）
72・大山
（伯耆大山）
73・（但馬）　国山*
74・橋立（天橋立）
75・大山（普甲山）
76・大江山
77・北峰
（北大峰・鷲峰山）
78・熊野三山（本宮・新宮・那智山）
79・三栖山
80・百重山*
81・真形*
82・飽美山*
83・箕尾（箕面山）
84・毗陽山（湯谷山）
85・摩耶山
86・（和泉）　荒山*
87・伊駒山（生駒山）
88・玉木（玉置山）、以下は大峰に含み地図上の位置省略→大日嶽・深山・釈迦嶽・空鉢嶽・七面山・弥山・尾篠（小笹）・金峰山
89・芳野（吉野山）
90・（伊豆）　大島

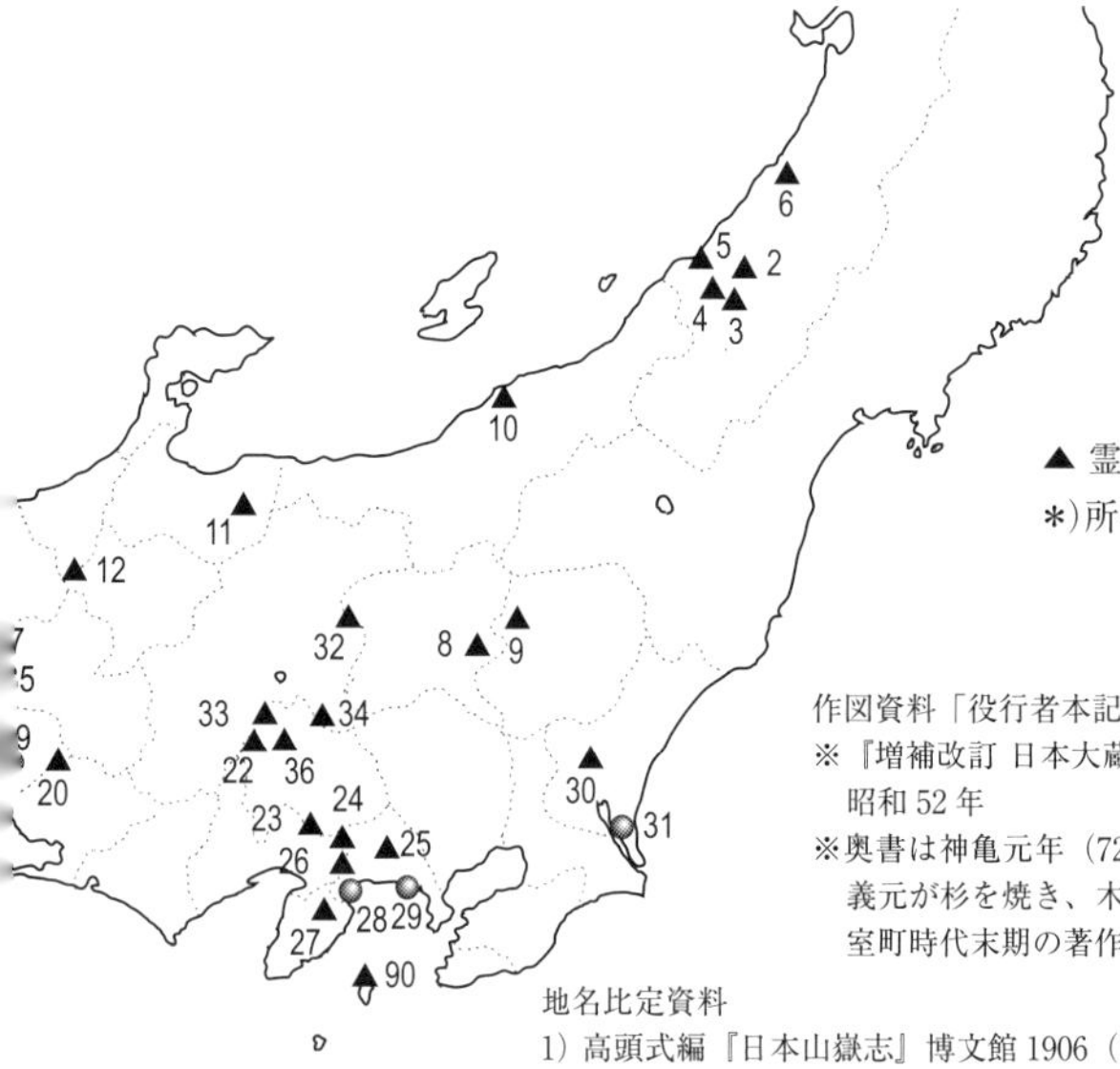

▲霊山　◎聖地　…国境
*)所在地不詳

作図資料「役行者本記」
※『増補改訂 日本大蔵経 第96巻』鈴木学術財団、昭和52年
※奥書は神亀元年（724）10月に大峰菊ノ堀で役義元が杉を焼き、木皮に書いたと記しているが、室町時代末期の著作と推定されている。

地名比定資料
1）高頭式編『日本山嶽志』博文館1906（明治39）年
2）吉田東伍『増補大日本地名辞書』冨山房1979年
3）平凡社地方資料センター編『日本歴史地名大系』平凡社1960年～
4）竹内理三編『角川日本地名大辞典』角川書店1978～1990年

役小角・経歴伝承地

1・大峰山
2・羽黒山
3・月山
4・湯殿山
5・金峰山
6・鳥海山
7・(奥州)　秀峰*
8・赤城山
9・二荒山（日光山）
10・伊世彦山
（弥彦山）
11・立山
12・白山
13・越知山
14・日枝山
（比叡山）
15・愛宕山
16・金峰山
17・伊勢両皇宮
（内宮・外宮）
18・二見浦
19・熱田
20・猿島（猿投山）
21・(三河)　峰堂*
22・白峰
（甲斐白根）
23・富士山
24・足柄山
25・雨降
（相模大山）
26・箱根（芦ノ湖・箱根）
27・天木（天城山）
28・走湯
29・江嶋
30・筑波山
31・三岫
（鹿嶋・香取・浮巣）
32・浅間嶽
33・(甲斐)　駒嶽
34・御嶽（金峰山）
35・南宮
36・鳳凰山
37・膽吹（伊吹山）
38・石山
39・笠置山
40・葛城山
41・八栗嶽（五剣山）
42・背振山
43・彦山（英彦山）
44・高羅（高良山）
45・霧島山
46・足摺
47・石槌山
48・鹿兒山
（鹿籠金山？鹿児島？）
49・檍原
50・高千穂嶽（霧島？二上山？）
51・速日嶽
52・小戸瀬戸
53・木綿山
（由布岳）

［注］番号は天智帝9(670)年〜文武帝4(700)年までの経歴順番

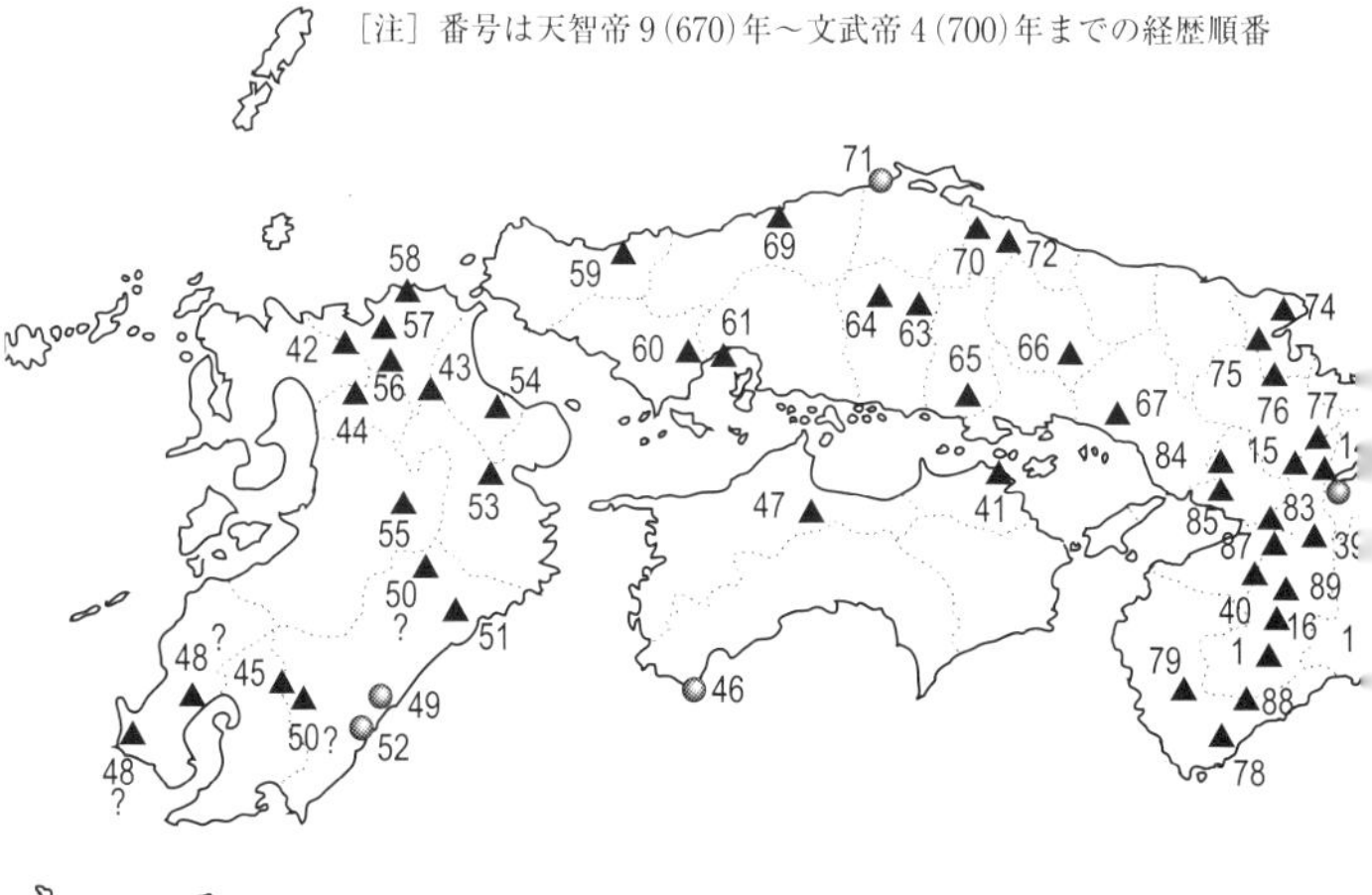

別冊太陽『山の宗教』「中世末の役小角・経歴伝承地」平凡社 2000

いるということができる」と述べている[8]。

そうしたいまだ仏教が民衆のあいだで広まっている時期に活躍した人々を、一般に「雑密《ぞうみつ》」と呼ぶことも多いのだが、厳密にいうと、すべての山林修行者が雑密というわけではない。そもそも雑密とは、たしかに奈良から平安にかけての山林修行者を指して使われることが多いのだが、それは正確には旧仏教の衰退に抗して四世紀から五世紀にかけてインドで生れた雑多な初期密教を指している。ただし、そちらのほうが南都《なんと》六宗《ろくしゅう》に代表される仏教よりも、一般民衆には受け入れられやすかったようで、そうした人々の活躍は当時から広く知られており、役行者もそうした雑密の一人だといえるだろう。

役行者こと役小角

いや、当時活躍した仏教者の多くが雑密と呼ばれる人々であったわけで、東大寺の大仏開眼会を仕切った良弁《ろうべん》も、葛木山で修行したその弟子の道鏡《どうきょう》も、みな雑密と呼ばれる人々なのである。

増基の『いほぬし』に描かれた人々も、そうした雑密の流れを汲んでいるわけで、もともと熊野信仰はそれら山野を歩き修行する人々によって支えられてきたのであり、それは先達と呼ばれる熊野信仰の案内人やそれを支配下におく熊野三山の社僧である御師《おし》へと引き継がれていったのである。

四　大仏開眼会《かいげんえ》

日本の社会が古代から中世へと大きく転換する結節点となったのは一一五六年に起こった保元の乱であり、それによって後に武家を中心とする社会が成立することになるわけだが、保元の乱が引き起こされるきっかけには熊野本宮の託宣が大きな役割を果たすことになった。一一五五年に熊野に参詣した鳥羽上皇は「明年の秋のころかならず崩御なるべき。そののち世間手のうらを返すごとくなるべし」という熊野本宮の託宣をこうむり、まさに事態はそのとおりに進行していったのである。こういうところに熊野が顔を出すことにわれわれはとても興味をもっているわけだが、それとよく似た大きな事件がすでに八世紀にも勃発していた。それが先ほどの道鏡がかかわる宇佐八幡神託事件であり、いわゆる怪僧道鏡が宇佐八幡の神託を利用して皇位に就かんとした事件である。

ここでは、よく知られたその事件について詳述はしないが、良弁が仕切ったとされる東大寺大仏開眼会と宇佐八幡とのかかわりについてのみ触れておきたい。奈良時代のもっとも大きな社会的イベントが七五二年の東大寺の「大仏開眼会」であることはまちがいない。そこにたずさわった橘諸兄《もろえ》はともかくとして、華厳の僧・良《ろう》

八幡総本　宇佐神宮（大分県）

弁《べん》や、民衆に仏教を広めた行基《ぎょうき》らは雑密とか山林修行者といってもいい人たちなのだった。

聖武天皇が位についていた八世紀前半、すなわち天平時代の日本は決して安定した状況にはなかった。天然痘が流行り、大地震が起こり、旱魃《かんばつ》・飢饉で人々は苦しんでいた。さらに、藤原氏の支配をめぐる内乱まで勃発して大きな社会不安にさらされていたのである。律令制の危機でもあった。聖武天皇による東大寺・国分寺の建立や大仏の造営には、そうした社会不安を取り除き、国を安定させたいという願いがこめられていたのである。

ところが、大仏造営については、なかなか思うにまかせず、聖武天皇は橘諸兄を宇佐八幡宮に遣わして、七四七年、ついに八幡宮の託宣を得ることに成功する。大仏鋳造の詔《みことのり》から完成に至るまで一〇年の歳月を要したわけであるが、なかでもこの八幡宮の託宣が果たした役割は重要で、その結果、東大寺の鏡池の近くに守護神として手向山《たむけやま》八幡宮が祀られたことはよく知られたことである。

こうして、東大寺の大仏建立と宇佐八幡宮と雑密らの活躍が一体となって時代を動かしていたわけで、このことは、すでに八世紀に当然のように神仏習合が行われていたということをも指し示すものである。この頃、永興禅師が熊野に籠って修行していたことからもわかるように、いまだ歴史の表面にはあまり姿を現わさないが、雑密《ぞうみつ》、聖《ひじり》、優婆塞《うばそく》ら「移動する人々による文化」が、いかに重要な役割を果たしていたかが想像されよう。熊野のもっているポテンシャルはいまかいまかとその出番を待っていたわけである。

そして、時代は弘法大師＝空海（七七四〜八三五）の登場によって大きく変化を遂げていくことになる。彼も雑密として山林修行に身を投じた一人であったのだが、そこに見られる雑多な知識の氾濫に違和感を覚え、直接、唐から正式な密教を入れようと試みるようになっていったのである。そういうわけで、彼は八〇四年に遣唐使として唐に渡り、二年後に帰国して、八一六年に高野山金剛峰寺を開いたのだった。いわゆる真言密教の誕生である。

この空海が活躍した時代からしばらくして熊野信仰が盛んになったのには、もちろん末法思想や浄土教、観音信仰の流行が大きな役割を果たしたわけであるが、同様に、一一世紀に始まる院政によって熊野が特別な信仰の場所として選ばれたことも大きな力となった。もともと伊勢神宮は天皇家の祖先神を祀ったものであり、一般の人々の参詣は許されず、伊勢参宮（お伊勢参り）がいまのように普及したのは室町以降ということになるのだが、実質的に権力を握った上皇は、伊勢とはまた別のところに自分たちの拠りどころとなる信仰の地を求めていたのである。

そういう意味では、熊野はやはり当初から選ばれるべくして選ばれた特別な地なのであった。上皇の度重なる熊野詣に刺戟されたかのように、一般民衆による熊野詣が爆発的な流行を示すようになるのは一五世紀以降のことであるが、よくも熊野のように交通の便の著しく悪い場所に「蟻の熊野詣」と呼ばれるほど多くの人々が参集したものである。熊野三山の末社である熊野神社は北海道から沖縄に至るまで三〇〇〇社以上あるとされているが、それらをもとにして熊野信仰は全国的な展開を示すことになったのである。

ところが、一六世紀になるとそうした流行もやや影を潜めるようになり、お伊勢参りがそれにとってかわるようになる。伊勢にはもともと地の利があった。いずれにしても、そこを訪れる人々の願いは、病気治癒であり、社会の安定であり、みずからの悩みの解決というものであり、あくまでも現世利益《げんせいりやく》を求めたのだった。

五　イザナミ

さて、熊野でのお参りの基本が「籠り《インキュベーション》」にあるということは先に述べたが、そうした修行を支えるのは大地に根ざした女性神格であることが多く、それは高野山の土着神が丹生都比《にうつひ》

産田社

売神《めのかみ》であり、伊勢神宮の地主神が豊宇気毘売神《とようけひめのかみ》であることでもおわかりであろう。吉野・大峯の場合も、大峯山に蔵王権現を祀り、天河の弥山《みせん》に弁財天を祀るというように分けてはいるものの、実際にそこに働いているのは強力な女性原理ではないかと思われる。そもそも役行者が霊山大峯開山のときに、蔵王権現に先立って鎮守として弥山に勧請《かんじょう》したのが天河大弁財天社の起こりであるといわれているように、あくまでもその地の地主神は女性神格なのだった。そうなると、吉野における金峯山の信仰も、吉野川の水源をつかさどる青根ヶ峰の水分神に端を発しているわけだから、そこでも女性原理が強く働いているのではないかと思われる。

そうしたことを考え合わせると、熊野本宮大社にイザナミの荒魂《あらみたま》が祭られているというのも、とても偶然とは思われな

花の窟神社

い。イザナミの和魂《にぎみたま》は本宮大社に祀られているが、大斎原の近くにイザナミの荒魂を祀る産田社《うぶたしゃ》の石祠が残されている。熊野本宮大社に収められている「本宮本社末社図」（P71）を見てもわかるとおり、イザナミの荒魂を祀る産田社は特別な意図をもって描かれているのがわかる。一目見ただけで産田社が単なる摂社・末社の類ではないのがおわかりだろう。

九鬼宮司はかつてそこに自分の母のイメージを重ね合わせてみたという。三重県にはイザナミが葬られたと伝えられる花の窟《いわや》があるが、この花の窟から産田川にそってわずかに溯った奥にも産田神社がある。イザナミがこの地で軻遇突智神《かぐつちのかみ》を産んだので産田と名づけられたという。ここにもイザナミが主神として祀られているのである。産田といえばイザナミであり、それは熊野全体をつかさどる女性神格であるといってもよさそうなのである。

たとえば、伊勢の内宮の境内に荒祭宮《あらまつりのみや》という別宮があって、そこには天照大神《あまらてすおおみかみ》の荒魂が祀られており、格別に位の高い別宮とされている。この荒祭宮の伊勢内宮における位置づけは、どこか熊野本宮大社における産田社と通じるところがあるように思われる。上田正昭氏も、ここ（荒祭宮）は「天照大神の荒御魂を祀るお社ですが、『アラ』という語には、上代日本語では『生まれる』という意味もありま す。京都の上賀茂神社では葵祭《あおいまつり》に先だって、新しい神霊を迎える『御阿礼神事《みあれのしんじ》』が行われますが、『荒祭宮』も新しい神が生まれる宮、神が甦る宮という意味もあるのではないかと思うのです」と述べている。さらに、「このお宮の背後の森には祭祀遺跡があり、それも五世紀に遡る古いものといいます。天照大神が伊勢に鎮座した時期については、いろいろな説がありますが、五世紀後半を重視するのが有力です。とすれば、『荒祭宮が神宮の祭神として重要であった』とする見方が出るのももうなずけます」とつけくわえている[10]。

そうしたことを考慮に入れると、どこでも同じことがいえるのだが、熊野本宮大社の和魂としてのイザナミよりも産田社の荒魂としてのイザナミのほうが、この本宮という地においてかつてはより大きな力をもっていたように思われる。大地の豊饒をつかさどり、生命力を吹き込み、すべてを包摂する大いなる慈愛の象徴たるイザナミこそがこの地における支配的な力の源泉であったにちがいない。

九鬼宮司は、産田社の存在だけではなく、かつて一時的に證誠殿《しょうせいでん》にイザナミが祀られていたことがあったという言い伝えにも言及している。そもそも熊野本宮大社の主神はスサノオと同体とされる家津御子神《けつみこのかみ》であり、阿弥陀仏とも結びつけられつつずっと證誠殿に祀られてきたわけである。ところが、どういうわけか主神であるべき家津御子神の影が薄いことは否定できない。文献をひもといてみても、奈良時代から知られている熊野の神格としては、熊野坐神《にますのかみ》、熊野速玉神、熊野夫須美（牟須美）神の名はあるものの、そこに家津御子神の名は存在していなかったのである。むしろ、イザナギを祀る熊野速玉大社とイザナミを祀る熊野本宮大社という対照こそが熊野の特徴をもっともよく表現していたように思えてならない。

実際の本宮大社の社殿構成を見てみると、そこには家津御子神を含めて一二の神々が合祀されており、第一殿には熊野牟須美神《むすみのかみ》（イザナミ）および事解男神《ことさかおのかみ》、第二殿には速玉神および伊弉諾尊《いざなぎ》、第三殿には家津御子神および素盞嗚尊《すさのお》、第四殿には天照大神（若宮）が祀られている。しかし、いかに本殿の證誠殿に家津御子神がたまたま鎮座していようが、そういうことはどの地域においてもしばしば起こることであって、だいたい主神が何かというようなことにあまり固執する必要はないのである。

熊野に息づく「信不信をえらばず、浄不浄をきらわず」という懐の深さを支えているのは、やはり女性神格であるイザナミ以外には考えられないのではなかろうか。

六　神仏分離令

明治初年（一八六八）の神仏分離令とは、明治政府による伊勢神宮を頂点とする神道国教化政策のひとつであって、これによって伝統的に神仏習合によって成り立っていた日本固有の宗教体系を世俗的権力が突き崩していくことになったのはご存じのとおりである。これによって、たとえば、富山藩では一宗一か寺として、一六三五あった寺がわずか六か寺のみ残すことになったし、江戸時代に民衆の熱狂的な支持を得た各地の霊場信仰、富士講、御岳講などの山岳信仰までがその結果姿を消すことになったのである。

それについて、田中利典氏は次のように話している。

「明治初年に出された神仏分離・神仏判然令で神と仏を分けてしまう以上、神仏習合の修験道は存在することを許されず、ついに明治五年に修験道廃止令が出ました。修験道が国によって禁止されるわけです。全国各地にあった修験道は一時消滅し、大方が廃寺となるか、神社となっていきました。金峯山寺も、明治七年には、吉野山蔵王堂は吉野の地主神でありますす金峯神社の口の宮、それから山上の蔵王堂は奥の宮にさせられ、復飾神勤《ふくしょくしんきん》する時代を迎えました。金峯山寺自体、一時廃寺となるわけですが、明治一九年になんとか仏寺として復興をいたします。……羽黒も、英彦山《ひこさん》も、石鎚も、あらゆる山が神道化したまま現代に生き延びているというのが現実であります」[11]。

さらに、行政による信仰への介入は続く。

一九〇六年の神社合祀の勅令によって、一町村一神社にせよ（神社の氏子地域と行政区画を一致させよ）との命が下り、各地にある神社は合祀され、一九一四年（大正三年）までに約二〇万社あった神社のうち七万社が取り壊された。和歌山県では二九二三社あった神社が明治末までに七九〇社と激減し、三重県でも九割の神社が姿を消すことになったのである。各地域の神社は人々の信仰のよりどころであり、そこには例外なく鬱蒼とした広大な森林があったが、それらは次々と国有地として没収され、伐採され、民間へと売却されていったのである。

そうした苦渋に満ちた歴史を踏まえたうえで、われわれは神道や仏教のみならず、いかなる宗教をも受け入れる寛容で融和的なわが国の宗教風土を改めて見直していかなければならない。ここに至って、熊野に代表される「紀伊山地の霊場と参詣道」が世界遺産に選ばれたということは、いまこそ日本独自のそうした宗教観・人間観を世界に向けて発信していく絶好の機会を得られたことでもあるし、われわれ自身の拠りどころを再確認する機会を与えられたとも考えられる。これからも熊野を通じて是非とも読者のみなさんと一緒に考えていきたいものである。

［注］

1 サミュエル・ハンチントン『文明の衝突』鈴木主悦訳、集英社、一九九八年。
2 クリフォード・ギアツ『二つのイスラム社会』林武訳、岩波新書、一九七三年。
3 石原道博編訳『魏志倭人伝・後漢書倭伝・宋書倭国伝・隋書倭国伝』岩波文庫、一九五一年。
4 時枝務『修験道の考古学的研究』雄山閣、二〇〇五年。
5 寺西貞弘『古代熊野の史的研究』塙書房、二〇〇四年。
6 久保田展弘「修験道の誕生と日本宗教」別冊太陽『山の宗教』、二〇〇〇年。
7 「中世末の役小角・継歴伝承地」別冊太陽『山の宗教』、二〇〇〇年。
8 五来重『山の宗教＝修験道』淡交社、一九七〇年。
9 「本宮本社末社図」熊野本宮大社蔵、江戸時代、和歌山県立博物館「熊野本宮大社と熊野古道」展カタログ所収、二〇〇七年。
10 上田正昭「伊勢に集う神々の素顔」『芸術新潮』一九九三年十一月号。

11　田中利典「修験道に学ぶ」第七回日本野外教育学会大会 基調講演、『野外教育研究』8-1: 1-12、二〇〇四年。

あまたの神と仏

田中利典
金峯山寺執行長

一　世界遺産「大峯奥駈」という道

吉野と熊野を結ぶ大峯奥駈道は、「紀伊山地の霊場と参詣道」として世界遺産に登録されているが、この道は参詣の道ではなく修行の道であって、単に寺や神社にお詣りに行く道ではない。いわゆる道中を行《ぎょう》ずることが目的で、山中の「靡《なびき》」で修行・勤行などを行う行《ぎょう》の場である。靡は現在七五ヵ所に集約されているが、古くは百数十の修験の霊地や、役行者が足跡を残したとされる場所が要所としてあった。

熊野は本山系修験が支配したところで、大峯に入るのに熊野側から吉野へと歩いてきた。これを順《じゅん》の峯《みね》（順峯修行《じゅんぶ》）といい、道中の修行の拠点である七五靡の数え方も、熊野本宮大社が一番で吉野を七五番としている。一方、当山系修験は吉野側から熊野へと歩いていく。これを逆《ぎゃく》の峯《みね》（逆峯修行《ぎゃくぶ》）といい、吉野が一番で熊野を七五番とする。奥駈道は修験道の開祖　役行者《えんのぎょうじゃ》のによって開かれたとするが、役行者は最初に熊野から大峯に入ったと伝説されていて、熊野からの道を順峯と呼んだのである。

江戸の中期以降、順峯修行は急速にすたれていく。というのも、どちらから歩いても坂の数は同じだが、熊野側からの道は峻険な上り坂が多いからだ。吉野側からは山上ヶ岳まで一気に登ったところが一七一九メートル。あとは段々と熊野へ向かうことになるので、道の険しい熊野側から行ずる者が減って、吉野側の逆峯修行が一般化して今に至っている。現在、順峯修行を行じているのは主に那智山の青岸渡《せいがんと》寺《じ》と滋賀の三井寺《みいでら》。青岸渡寺は、一年に数回にわけて全行程を行じ、三井寺は全行程を三年にわけて行じている。本山派の聖護院はいまは吉野川から熊野に向かい、順峯修行は非定期的にしか行っていないようだ。

釈迦岳の北側に両峯分け《りょうぶわ》（両部分け）という拝所があって、これより北の吉野側を金剛界、南の熊野側を胎蔵界と見なしている。金剛界は男性的な世界を象徴し、胎蔵界は女性的な世界を象徴している。実際に山を歩くと、金剛界に比定される北側は峻険《しゅんけん》な山が多く、南に行くとなだらかな稜線がずっと続いていく。聖なるものとは、まどらかなものであり、完成されたものを指している。金剛界と胎蔵界を想定したことで陰陽が相交《あい》わり聖なるものが完成する。最初から大峯山系全体を曼《まん》荼羅《だら》に見たてたわけではないかもしれないが、密教的な世界観から修行者がひたすらその場を歩いていくなかで、普賢岳、釈迦岳、大日岳と、山に仏の名前をつけていき、曼荼羅の世界を歩いていることを実感していって成立したのだ。

また奥駈は、川から始まって、山を越えて、川に至る。まどらかに完成されるという、奥駈道の全行程を歩き行じることで、聖なる両極を体験する宇宙観が秘められている。かつて私たち吉野修験の奥駈修行は、吉野川の水垢離ではじまり、明治期の水害が起こるまで熊野の旧本宮社殿の裏を流れる音無川で終えていた。

宗教には、ある種の擬死体験といえるものがある。一度死んで生まれ変わる——偽装的に死を体験し、生まれ変わることで何か力を得ると考える。水から生まれて

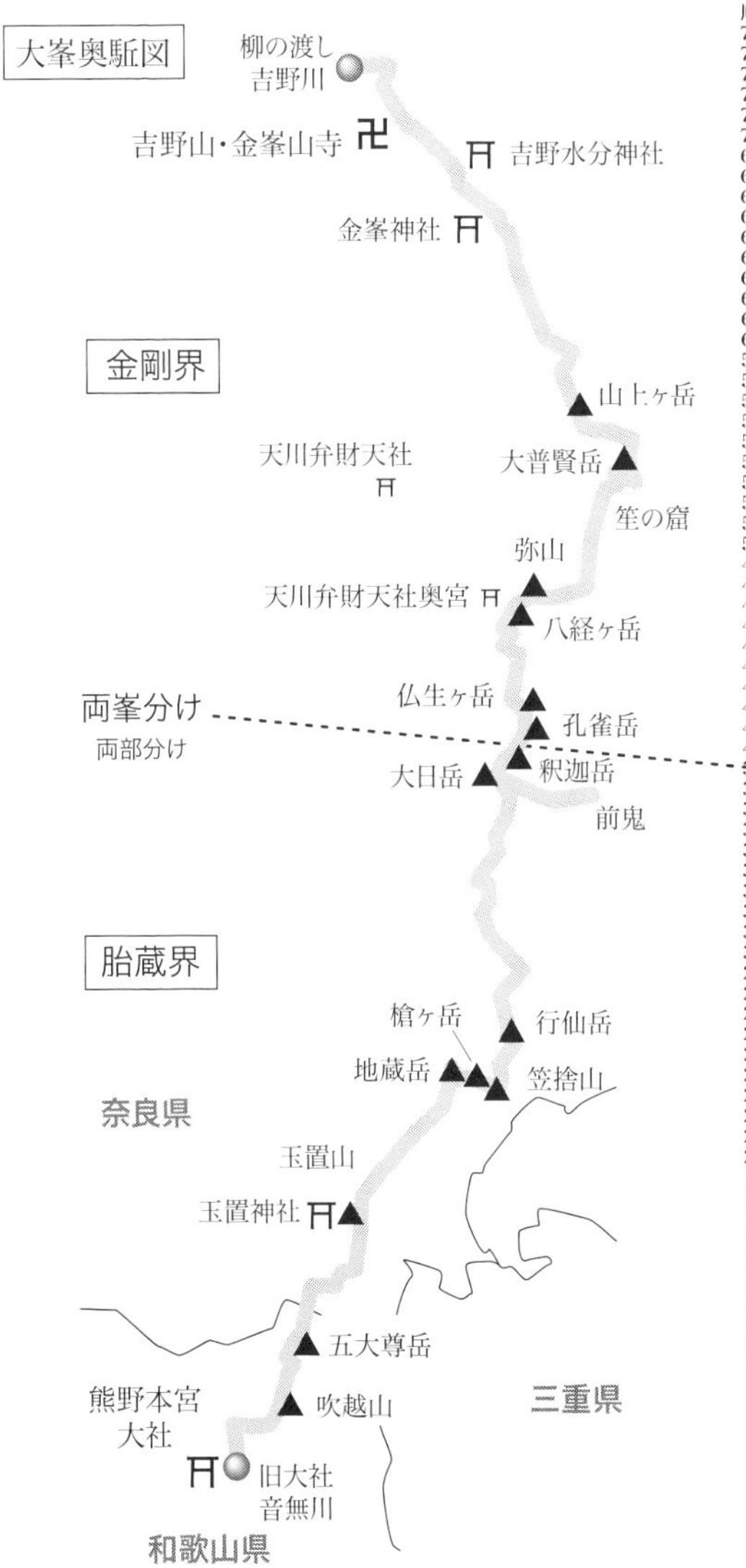

順	逆	靡名
75	1	柳の宿
74	2	丈六山
73	3	吉野山
72	4	水分社
71	5	金精大明神
70	6	愛染宿
69	7	二蔵宿
68	8	浄心門
67	9	山上ヶ岳
66	10	小篠の宿
65	11	阿弥陀森
64	12	脇の宿
63	13	普賢岳
62	14	笙の窟
61	15	弥勒ヶ岳
60	16	稚児泊
59	17	七曜岳
58	18	行者還り
57	19	一の多和
56	20	石休場
55	21	講婆世宿
54	22	弥山
53	23	頂仙ヶ岳
52	24	古今の宿
51	25	八経ヶ岳
50	26	明星ヶ岳
49	27	菊の窟
48	28	禅師の森
47	29	五鈷の峰
46	30	舟の多和
45	31	七面山
44	32	楊枝宿
43	33	仏性ヶ岳
42	34	孔雀ヶ岳
41	35	空鉢ヶ岳
40	36	釈迦ヶ岳
39	37	都津門
38	38	深仙宿
37	39	聖天の森
36	40	五角仙
35	41	大日ヶ岳
34	42	千手岳
33	43	二つ石
32	44	蘇莫岳
31	45	小池の宿
30	46	千草岳
29	47	前鬼
28	48	三重滝
27	49	奥守岳
26	50	子守岳
25	51	般若岳
24	52	涅槃岳
23	53	乾光門
22	54	持経宿
21	55	平地宿
20	56	怒田宿
19	57	行仙岳
18	58	笠捨山
17	59	槍ヶ岳
16	60	四阿宿
15	61	菊ヶ池
14	62	拝返し
13	63	香精山
12	64	古屋宿
11	65	如意珠ヶ岳
10	66	玉置山
9	67	水呑宿
8	68	岸の宿
7	69	五大尊岳
6	70	金剛多和
5	71	大黒岳
4	72	吹越山
3	73	新宮新誠殿
2	74	那智山
1	75	本宮證誠殿

水に戻る。修験では擬死《ぎし》再生といい、聖なるものを体験することは、死を経験してから生を回復するわけで、それらが修行の方法として用意されているのである。

大峯奥駈の修行――逆の峯は、吉野川の「柳の渡し」からはじまる。主な靡を順にあげていくと、「吉野金峯山寺の蔵王堂」そして「山上ヶ岳」へと入る。山上ヶ岳は一般に大峯山《おおみねさん》と呼ばれるが、実は紀伊山地には大峯山という正式な名をもった山はなく、もともとは吉野から熊野にかけての山脈全体を、信仰的に総称して大峯山と呼んだ。山上ヶ岳は役行者が一三〇〇年の昔、修験道独自の御本尊蔵王権現を感得された聖地中の聖地で、大峯山＝山上ヶ岳と観念される山伏修行では欠かせない場所だ。次に山上ヶ岳から約一時間で「小篠《おざさ》」に着く。ここは当山派の修験――真言系修験の拠点で、往古は小篠三六坊という寺院群が営まれていた。今でも当時の名残りの石垣が周辺一帯に残っている。次に「弥山《みせん》」。天河弁財天奥の宮ともいわれ、須弥山《しゅみせん》という宇宙軸の山と考える場所。弥山を越えると「八経ヶ

吉野修験の総本山 金峯山寺蔵王堂

岳」に至る。近畿最高峰で、大峯奥駈道でも最も高い山にあたる。八経ヶ岳の名称は、役行者が経典中で最も大事にした法華経《ほけきょう》八巻を埋めたという伝承に由来し、別名仏経ヶ岳ともいう。

そして「釈迦岳」。その手前には両峯分けがあり、ここで胎蔵界と金剛界が分かれる。釈迦岳は円錐形の大変秀麗な山で、頂上には、大正一三年に岡田強力《ごうりき》(通称オニ雅《マサ》)が運んだ大阪仏立会建立の釈迦如来像が立っているが、この地には昔はお堂もあった。釈迦岳をおりたところの「深仙《じんぜん》」は、本山派修験の拠点。本山

西の覗き　崖から身を投げ出し、同胞に命綱を預けて祈る

山林抖擻する修行者

靡ごとに手を合わせ祈る

急な岩場を行じる。腰に獣の皮の引敷《ひっしき》を巻いている

釈迦岳の頂上にある釈迦如来像

宿坊での食事の支度

派は熊野が中心だが、峯中では深仙が一大拠点で、往古には深仙潅頂《かんじょう》という本山修験最極の儀式を行っていた。その深仙のすぐそばに、大日岳《だいにちだけ》の鎖の行場がある。現在は岩が崩落して、各山とも鎖修行を中止している。そして南奥駈道への分岐点となる「太古の辻《たいこのつじ》」から約二時間えんえんと直下にくだると「前鬼山《ぜんきさん》」に着く。役行者には、前鬼《ぜんき》（男）後鬼《ごき》（女）という二人の夫婦の鬼を付き従えた有名な伝説があって、「大峯行者の世話をしなさい」という役行者の遺言によって、その子孫が移り住んだ場所だ。この夫婦には五人の子どもがいて、大峯の行者らの世話をするために五つの宿坊を営んだと伝えられる。明治以降、修験が禁止されると急速に廃れて、今は小仲坊《おなかぼう》一宇しか残っていないが、鬼の子孫の六一代目が今に継がれている。日本の家系では天皇家が一番古いとはいえ、この小仲坊の五鬼助《ごきじょ》家も日本では指折りの古い家系をもった山人《やまびと》の末裔だ。

前鬼山から再び太古の辻に戻って、さらに南に向かう。ここからが南奥駈道となる。いまでは行ずる者が少なくなった道である。「行仙岳」「笠捨山」さらに「槍ヶ岳」「地蔵岳」を過ぎて「玉置山」に向かう。さらに行けば「五大尊岳」「吹越山」を抜けて、「備崎《そなえざき》」から最終地の「熊野本宮」へ十津川を渡ることになる。

大峯峰中にはたくさんの参籠修行をする窟《いわや》がある。ちょっと奥駈道から外れるが、特に有名なのが普賢岳の下に位置する「笙ノ窟《しょうのいわや》」。ここは日蔵道賢《にちぞうどうけん》や行尊《ぎょうそん》、円空などが籠《こ》もった参籠場である。

昔は大峯山系全体が女人禁制だったが、現在は山上ヶ岳一帯をのぞけば、女性も一部の奥駈をはじめ、山修行を行じている。いまだに禁制の場所があることに異議を唱える人も勿論いるが、女性がいない空間とは非日常であり、そのことによって聖地性が保たれているのも事実であろう。ただ聖地性を守るために女性の入山を禁止していながら、一方では山上参籠所にはテレビもあり、そのテレビから女性の水着姿などの映像が流れてしまうという状況もあるわけで、現代的にいうなら、説明責任を果たせないところもある。差別的概念は止揚していかないといけないが、聖なる場所・信仰の継続をどう守っていくのかというところが、今後の課題でもある。

二　修験とは

最も日本的な仏教は何かというと、私は修験道こそがそのひとつの形だろうと考えている。山岳に対する畏《おそ》れや思い、自然に対する畏れや思い、これに仏教とりわけ密教思想や、天台の本覚思想を取り込んで修験道は成立している。

今まであまり正統な評価がなされてこなかったが、仏教の深遠な宇宙観を日本ナイズする過程で修験が果たしてきた役割は大きい。山岳を基盤とする信仰風土に仏教的行法が入って成立し、道教や陰陽道など雑多な要素も吸収し、やがて庶民のなかで流布していた加持祈祷《かじきとう》といったものが修験道を修験道たらしめるものになっていく。中世以降は修験道も次第にその勢力が大きくなって、集団化・組織化してくると、当山派と本山派という大きな流れへと分かれていった。

真言密教を拠り所とする修験を「当山派」といい、京都・醍醐寺三宝院を頂点とする。また天台密教ならびに法華思想、天台本覚論を思想の中心におく修験を「本山派」といい、滋賀・三井寺や京都・聖護院を頂点とする。熊野三山の検校《けんぎょう》は、天皇から三井寺に委譲され、本山派修験の拠点となった。大ざっぱにいえば、全国の修験は、真言密教で成り立っているか、天台教義で成り立っているかで分かれるという流れができたのである。

両派とも開祖は役行者だが、当山派は開祖よりも理源大師聖宝を尊び、本山派は役行者も尊ぶが、智証大師円珍や聖護院増誉僧正もあわせて尊ぶ。また当山派は圧倒的に弘法大師（空海）信仰も強い。役行者が全国の修験の山々すべてを開いたかどうかは不明だが、役行者の系譜にある山林修行者たちが山を開いていく内に、役行者の伝説が定着していったと考えられる。

役行者は六三四年に生まれ、七〇一年に昇天されたと伝えられているので、六〇代で人生を終えている。後世、修験道の開祖として仮託していった人々によって、役行者信仰が肥大化して、のちに大きな修験の勢力を生む力になったのは間違いないだろう。

当山派と本山派は、かつて経済的基盤をめぐって争った時代もあったが、明治以降、修験が一時期禁止され、壊滅的な状態となって両派の力は共に衰えることになる。吉野金峯山寺は天台系の寺僧方《じそうがた》と真言系の満堂方《まんどうかた》の両派で運営され、社家という神社もあって、明治以前には神仏習合が一山として成り立っていた。

修験にとっては全国の山が修行の場だが、中心的霊場は発祥の地ともいうべき奈良・大峯山系である。なかでも吉野大峯は一番の聖地といえるだろう。もうひとつの拠点が役行者が生まれた葛城山。この葛城山と、熊野も含めた大峯山系全体で霊場と見なしていた。そして吉野大峯で発達した行法――西の覗《のぞ》きとか鐘掛《かねかけ》という有名な行場名が、全国の霊山にも伝播し、蔵王権現《ざおうごんげん》自体も勧請されて広まっていった。有名な山形県の蔵王も、もともとは刈田峯という山に蔵王権現を勧請したからその名前になったように、全国の霊山へ修験者らが吉野大峯の信仰を伝播させていったのだ。

旧安禅寺の蔵王権現像（金峯山寺所蔵）

古代からの聖域である金峯山は、吉野山から山上ケ岳一帯をさす。山上ケ岳（現：大峯山寺本堂）と山麓の吉野山（現：金峯山寺蔵王堂）の鳥瞰図。山号は国軸山（宇宙の中心の山）

権現信仰とは、仏教的な宇宙観と、神道の特性が融合して成り立ったわが国独特の信仰形態で、仏は神の姿をかりて、権現という姿で現れたという本地垂迹《ほんじすいじゃく》の考え方をいうが、蔵王権現では、本地仏の釈迦・千手観音・弥勒が権化して憤怒の形相で現れたとする。

このように仏さまが神化して現れたというとらえ方は、全国の霊山で行なわれ、熊野三山では本宮が阿弥陀如来、新宮が薬師如来、那智は千手観音を本地仏に比定した。これら熊野三所権現の場合は姿はないが、家津御子大神、速玉大神、牟須美大神それぞれが対応した権現信仰になる。このように権現信仰には、蔵王権現のようなビジュアルな姿で現れたものもあるし、姿自体はないものの神さまと仏さまを同一視して祀られている形体もある。富士山は浅間大菩薩が主神で明治に権現信仰が禁止されると木花之佐久夜毘売《このはなのさくやひめ》になってしまうが、山岳信仰の根っこは修験がもっていた。

金峯山寺では、明治の初年の時点で五〇以上もの塔頭《たっちゅう》（支院）があり、祈願寺《きがんじ》の拠点でもあった。しかし、明治五年に修験道廃止令による権現信仰の禁止が発布されると、役行者以来、一三〇〇年にわたって山上と山下に営まれた両本堂の蔵王堂も含めてすべての寺院は廃寺を迫られる。権現信仰の禁止は修験寺の禁止であり、神社か葬式寺かの選択を迫られて、修験寺が吉野からは無くなってしまうという事態に陥った。

吉野山の山下蔵王堂は金峯神社という地主神の口の宮《くちのみや》、山上ヶ岳の山上蔵王堂は奥の宮となり、威容を誇った安禅寺《あんぜんじ》の蔵王堂でさえも解体されてしまった。安禅寺のご本尊だけは山下本堂に遷《うつ》されて破損からまぬがれるが、他の支院はほとんどが根絶やしにされてしまった。吉野では、明治一二年に東南院、一三年に竹林院と桜本坊、一九年に山下蔵王堂に金峯山寺の寺号が戻り、二二年に喜蔵院が仏寺に復興したが、それ以降は修験寺の復興は認められずに全部潰れてしまった。

廃寺の間も人々のお参りは続けられた。山下吉野山の本堂はご本尊の蔵王権現が大きすぎて外に出すことができないから、前に巨大な鏡をおいて復飾神勤《ふくしょくしんきん》する。かたや山上の本堂のほうは本堂前の通称お花畑と呼ばれる広場に新堂を建てて、本堂の仏像を全部移し、この新堂の管理を葬式寺——檀家寺の、吉野山区の善福寺と、洞川区の竜泉寺が担った。このことが元で山上本堂は後に大峯山寺となり、現在に至る。

明治以前にはたとえば聖護院末の末寺は全国に約二二〇〇ヵ寺もあった。かつて行人方といった高野聖や熊野三山の熊野比丘《びく》、熊野聖《ひじり》、念仏聖など修験的な活動に従事していた人々の活動は多様で、主に加持祈祷をなりわいとした山伏、檀家寺に付いていた山伏、神社に付いていた山伏、神楽や延年の舞をやるような山伏もいて膨大な数の山伏がいたので、明治初期の修験道廃止により職を失った山伏は、なんと約一七万人もの数にのぼったのである。

三　神道と仏教のつながり

歴史をひもとくと、神道は日本人固有の文化から生まれ、「先祖を敬う」「自然を敬う」「森羅万象に神が宿る」といったことをベースに生まれた民族的な信仰風土を元にしている。「かんながらのみち」ともいわれ、「日常でないもの」「平常でないもの」が神であり、それを信じたり崇めたりしてきた。先祖を神と見なし、大きな木や岩にも神は宿る。精霊や木霊《こだま》、そして清流や滝にも神は宿り、清き池にも神は宿る、と。大ざっぱにいうなら、清きもの、自分を越えた常ならぬもの、そういうもの全部を神と感じるのが日本人であって、敬いの念をもったり、畏《おそ》れの念を抱いてきた。そういう思いが神道の源流であって、庶民信仰の稲荷信仰や、氏族の信仰など、土地や家系ごとの神も育んできたのである。

神道の解釈はむずかしく、日本へ仏教というきちっとした教義体系をもった外来の宗教が伝えられ、仏教を意識するなかで、神道という概念も生まれてきた。それ以前の日本には神道という言葉すらあったかどうかもさだかではない。民間信仰の神道は、単なるアニミズム的なもの、そして熊野三山の熊野信仰をはじめ、伏見稲荷の稲荷信仰、太宰府天満宮の天神信仰、宇佐八幡宮の八幡信仰、住吉大社の住吉信仰、諏訪神社の諏訪信仰など、それぞれの土地に帰属した信仰やさまざまな形の信仰を育んできた。近世以降に生まれた教派神道といわれる教祖が神がかって開いた神道もひとつの神信仰で、神道を考えるときには、注意深く神道の歴史を理解しておかないと、わからなくなる。

明治になると、新政府の要人はヨーロッパで近代社会を見てきて、欧米の先進国家がキリスト教という一神教の価値観でできあがっていることを知る。彼らは近代国家をめざすなかで日本の多神教的風土、そして神仏習合の様相が猥雑に思えてしまった。とはいえ、いきなりキリスト教国にもなれないので、皇室を中心に天皇を神とする、一神教によく似たイデオロギーをもって新たな近代国家造りを始めることになる。明治新政府の樹立は、平田篤胤《あつたね》（一七七六―一八四三）など尊皇攘夷を唱えた国学者たちが思想的基盤を築き、国家の機構として皇室中心の国家神道がまとめあげられた。

明治以前には、皇室の神道もあれば、藤原家の春日大社のような氏族の神道もあり、たくさんの民間信仰の神道があった。神と仏の共存もあった。しかし明治に「神仏分離令――神仏判然令」が発布され、やがてそれは「廃仏毀釈《はいぶつきしゃく》運動」につながる。仏教は弾圧を受け、寺や仏像が破壊されたり、主尊や祭神の変更、神職への転向などが強いられて、仏教はひどい目にあう。ところが仏寺のみならず、神社もまたひどい目にあい、国家神道化が進められるかたわらで、地域ごとに根づいていた古神道が認められなくなり、神社が統廃合される合祀が進み、全国で膨大な数の鎮守の森が壊される事態に至ってしまったのである。有名な南方熊楠の鎮守の森を守る運動も、あまりに無謀な合祀への抵抗がきっかけで生まれた。

仏教が渡来する以前から、かんながらのみちとしての神道には自然を敬い畏れるという、信仰的風土から生まれてくる精神的な崇めがあったが、渡来した仏教にはお釈迦様が説いた非常に哲学的な論理体系があった。中国・韓国を経て仏教はわが国に伝来したのだが、結局、大陸から日本に漢字が入ってくると万葉仮名や平仮名を新しくつくったように、固有の風土に合った形で仏という新しい神を日本は受け入れた。もちろん入ってきた当初、崇仏派の蘇我氏と廃仏派の物部氏との間での多少の争いは起きているが……。

日本で広められた仏教は、インド産の原理が薄められ、日本の風土に合った形で定着していったのだが、一番わかりやすい例が、山川草木悉皆成仏《さんせんそうもくしっかいじょうぶつ》の思想だろう。草や木や山や川にみな仏性があって成仏するという、この説法をもしお釈迦さまがお聞きになったら、さぞかしびっくりなさるにちがいない。

釈尊は、石や植物は無情であって、成仏《じょうぶつ》など認めてないのに、中国の影響も受けながら、日本人が古来から先祖を敬い、自然を畏れ尊ぶという習慣と、仏教の原理とをうまくマッチさせて、アニミズム的な山や石にも仏性があるから成仏できるんだという発想を生んだのだ。土地の神々は、実は菩薩や如来などの仏の化身＝権現であると考える本地垂迹の思想さえ生まれ、やがて日本の神道と仏教は、対立することなく神仏習合してうまく共存したのである。

四　あまたの神と仏

英語の religion《レリジョン》は「一神教の宗教」の和訳で、re- とは繋がりを表し、ユダヤ教、キリスト教、イスラム教には創造主があって、唯一絶対の神と契約した人の宗教をいう。しかし世界には創造主をもった宗教もあれば、そうでない宗教もある。ユダヤ教やキリスト教成立以前から世界には宗教があったが、キリスト教以降は、欧州のケルトやギリシャの宗教などを凌駕してきた。明治の文明開化により、日本にもまた、多神教を駆逐する一神教の価値観が大量に入ってきたのである。

宗教という言葉が入って来る前から日本にも仏教や神道はあった。日本人の精神の基層を育んできたこれら多様なかたちの、いわゆる創造主をもたない宗教というのは、そもそも一神教の宗教とは成り立ちがまったくちがう。私たちは、仏壇を祀り、神棚を祀り、葬式に行き、キリスト教や神式の結婚式を挙げ、宮参りに行き、初詣に行き、葬儀は仏式で営むことを誰もが平気で続けている。しかし、religionの宗教からすれば、そういう雑多なものは宗教ではない。で、あれもいい、これもいいというごった煮の信仰は宗教ではないと欧米人からいわれてしまうと、私たちもそれをうまく説明することができずに、「私は無宗教です」といわされてきたのが現代の日本人なのだろう。本当に宗教と無関係ならば、無政府主義者と同じことになってしまう。人類はいまだかつて宗教を基盤としていない倫理・道徳はもったことがなく、日本人も「人を殺してはいけない」という、仏教や儒教などの宗教を基盤とする倫理感をもっているのだ。それを「私は無宗教です」というのは「私は倫理観をもっていない恐ろしい人間です」というのと同じことになる。そういう意味で「これまでの勘違い」を解いていく必要があるだろう。

一神教のいう宗教という言葉の概念が、日本人がもつ信仰とはちがうということを、まず知ることが大切だと思う。その手段として新しい言葉を作る方法もあるかもしれないが、言葉を作る以前に、いまの日本人が自分たち自身のことをよく理解できていないことが問題なのである。

倫理観を懸念するなかでよくいわれるのは、敗戦後の戦後体制が問題だという意見、そして教育勅語に返れという意見。しかし教育勅語は明治以後の倫理に返れということで、そこへ返ってしまうと、神殺し、仏殺しをして近代を迎え入れた日本にしか戻れない。本来戻るべきは明治よりも前で、近代の歪みが生まれる以前に営まれてきた日本の風土・習慣を見直すしか、将来をひもとく糸口は見つからないに違いない。

帰属する価値観をなくした民族は、滅亡への道を歩み始める。今、日本人がまさに滅亡に向かっているような様相を呈しているのは、帰属する立ち位置が自分たちでもわからなくなってしまっているからではないか。DNAに埋め込まれている先祖からの知恵を、ちょっと思い出すことが必要だと思う。まずいったんそこに帰属してから一神教の人々のことを考えてみることが大事であろう。

それから一神教と相対《あい》するためには、単なる多神教ではなく、一神教に近い原理をもたないとたぶん彼らには勝てないと私は思っている。その原理は日本にはある。日本の多神教は一神教の人々が考える多神教ではない。どの例を上げるのが適当かわからないが、天照大神に八百万《やおよろず》の神々を集約させる、あるいは曼荼羅諸尊を大日如来に帰一させる思考的基盤があることに気づいてほしいものである。いわゆる一即多の多神教である。

ヨーロッパでは、二〇〇一年の同時多発テロ以来、グローバリゼーションに対する息苦しさがあって、一九世紀以前に戻ろうという大きな流れが生まれているという。

平和の作り方は、いくらチューリップが美しいからといって地球上のどこもかしこもチューリップ畑にするような世界を作るのではなくて、ブーゲンビリアも百合も桜も咲く、その土地の人々がそこに根づいたきれいな花々を自慢して、認めあって共存することが、ほんとの意味での平和のあり方だろう。吉野・熊野にはそういう、世界をチューリップ一色にしてしまうというような野卑な一神教の価値観に凌駕されていないものが、まだ残っている希有な場所なのである。

その神仏が和合する聖地「紀伊山地の霊場と参詣道」が、平成一六年にユネスコの世界文化遺産に登録されたことと同時性をもって、日本の宗教界もいま大きく変化のきざしを見せている。鼎談でも触れているが、平成二〇年九月、伊勢神宮において、近畿地方を中心とする一五〇の名刹寺院と大神宮、大神社が「神仏霊場会」なる神と仏の巡礼の道を発足させた。もちろん私のいる金峯山寺や九鬼宮司の熊野本宮大社も参加している。神仏習合、神仏和合こそが、日本人の独特な信仰の営みであり、世界に誇るべき固有の文化である、ということが世界に認められたのが

「紀伊山地の霊場と参詣道」の世界遺産登録であるが、この大きな流れが神社界と仏教界の和合を助長させたのである。そしてこの流れは今後必ず全国に波及していくにちがいない。

平成二一年四月には、わが金峯山寺をはじめ高野山の金剛峯寺、丹生都比売神社、熊野三山、青岸渡寺など世界遺産「紀伊山地の霊場と参詣道」の登録地の社寺一五カ所が共同で、神仏習合の各聖地を護持発展させるための「紀伊山地三霊場会議」を設立させた。これもひとつの新しい大きな試みとなるであろう。明治以来、一四〇年を経て、ようやくわれわれは自分たちの帰るべき風土と信仰心を取り戻す時を迎えているのである。

熊野という原点

九鬼家隆
熊野本宮大社宮司

一　大斎原《おおゆのはら》と自然崇拝

熊野という土地は懐が深く、古来より由緒ある神を祀りながら、熊野権現として仏教も受け入れてきた。そうした聖地の原点には自然への崇《あが》めがある。

たとえば、那智大社であれば、那智の大滝をご神体とみなして、そこに飛瀧神社を設けた。那智大社を参拝した人々は、右手にみえる一三三メートルの瀑布へと歩んで行き、滝に向かって無心で拝む。この大滝は一の滝で、山中に二の滝、三の滝がある。また速玉大社には神倉神社という摂社があり、熊野灘を臨む丘の中腹にある巨石ごとびき岩にしめ縄をしてご神体とみなしている。熊野には磐座《いわくら》と呼ぶ巨岩信仰があり、花《はな》の窟《いわや》神社・丹倉《あかくら》神社・神内《こうのうち》神社なども磐座に神が降臨したとみなして、大きな岩をご神体として祀《まつ》っている。

本宮大社の原点は何かというと、空であり天地だろうと私は考えている。

大斎原にあった旧熊野本宮大社「本宮本社末社図」

熊野速玉大社　神倉神社のごとびき岩

熊野那智大社　飛瀧神社の瀧

現在のご社殿は、山の中腹にあり、一五八段もの階段をのぼった森の中にある。太古より人々の信仰を集めた熊野坐《います》大神は、崇神天皇の御代に御社殿を整え、明治二二年までは大斎原（旧社地）に鎮座していた。そもそも本宮大社は眼下に臨む熊野川、音無川、岩田川の中州にある大斎原に位置していた。明治の頃より、上流の山では森林伐採が加速し、二二年に熊野川で土石流が発生して、一帯は大水害に見舞われた。五棟一二社のご社殿や、神楽殿、能舞台、神馬舎など現在の八倍もの規模を誇っていた本宮大社は濁流に呑まれたが、それまでは、古い絵図からもわかるとおり、川に囲まれた中州全体が大社だった。

この大水害で、今ならば文化財に相当するご社殿は壊れ、人命も失われた。近代化を図る日本が成長にまかせて、自然のあるべきバランスを顧みずに、上流の森林を大量に伐採したことから、山や森が抱えられる水量を維持できずに川へ流れ出した人災ともいわれている。そんな未曾有の被害を受けたなかで上四社だけがかろうじて災を免れて、現在の高台へと遷すことができた。

熊野本宮大社ご社殿

旧社地である大斎原という場所は四方を川に囲まれ、江戸時代までは橋もなかった。大社へ参拝するには、川の水に浸かって水垢離をして、体を清めてからご社殿に詣でる。川で禊ぎをしなければ、神域に入ることができなかったので「濡草鞋《ぬれわらじ》の入堂」とも呼ばれていた。そのため本宮大社のご神体は水であり、龍神だと考える人もいる。

また『日本書紀』には、スサノオの縁起から木の国（紀伊国）ともいわれている。スサノオが髭を抜いて放つと杉の木になり、胸毛を抜くと檜《ひのき》になり、尻毛は槙《まき》に、眉毛は楠《くすのき》になった。そうして樹木の種を広めながら紀伊國に渡り、祀られたというひとつの由縁がある。現在のご社殿が深い森に抱かれているので、森自体がご神体という考え方もあるだろうが、森には常に雨が降らないといけない。天から水が降らないと、森は育つことはできない。

だから大斎原全体をおおう空であり天こそが、本宮大社の神だと考えるに至っている。祈りをささげるには「天と地を結ぶ斎庭《ゆにわ》」というあの場所しかない。宇宙につながる天。目に見えないものへの畏敬《いけい》の念を抱く、天に対する感覚は、同時に心が開く場所でもある。

本宮大社は綿々と無数の人々を受け入れてきた。貴賤を問わず、男女の別を問わず、信不信、浄不浄を問わず受け入れてきた。熊野本宮の原点はここにあると思える。

ご社殿への階段　両側には熊野大権現の幟

ご社殿へのご神門

「宮司、いつかはご社殿をあの場所へ戻すんですか」

「大斎原に、ご社殿を戻したほうがいいんじゃないですか」

とおっしゃる方も多く、進言なさるお気持ちは十分に理解できる。しかし、私は今のごく素直な気持ちから、あの水害は不幸な出来事だったが、自然の摂理で迎えた事態だと解釈しているので、ご社殿をあえて元の大斎原へ戻すことを考えてはいない。水害が起きたのは、神々の怒りがあり、「もう一度原点に戻しなさい」というメッセージだと考えるようにしているからだ。ご社殿が築かれる前の、非常にプリミティブな大地——素の状態に戻った現在は、石祠が二つ建つだけだが、人々と自然の共生という大切さを理解するようにと、原点に戻るようにというメッセージを発している。

そうして現在のように、熊野本宮大社を大斎原とご社殿、川中州の「旧社」——未来に継承する意で天と地そして人との共有の場、そして山腹の「新社」——祈りをささげる心の窓を開く空間の場、というふたつの場所に分けたのではないかと考える。ここで、ご社殿をまた大斎原に戻そうものなら、大きな変革を招くのではないかと恐れすら感じてしまう。

二　熊野で祀る神々［三山の神と仏］

熊野三山とは、

「熊野本宮大社」「熊野那智大社」「熊野速玉大社」三社の総称である。

本宮大社では家津御子大神（スサノオ）

那智大社では熊野夫須美大神（イザナミ）

速玉大社では御子速玉大神（イザナギ）

を主神としている。三社ではそれぞれの神を勧請しあい、相互に迎え入れて祀っている。

本宮大社では、中央のご本殿である證誠殿に家津御子大神を祀り、左側のご社殿結びの宮では西御前に熊野夫須美大神を祀り、中御前には御子速玉大神を祀っている。右側の若宮には天照大神を祀っている。

前述したように、熊野という土地は懐が深く、奈良の時代から大峯修験の行者が大社に頻繁に出入りし修行し、そこで神と仏を同じと考える本地垂迹の考えが定着していったので、熊野権現としても祀り合っている。神官がいて、僧侶がいる、または僧侶が別当として三山の管理にあたっていた時代もある。

家津御子を阿弥陀如来、夫須美を千手観音、速玉を薬師如来、天照大神《あまてらすおおみかみ》を十一面観音という仏に当てており、熊野三山で配られる神札の熊野牛王宝印《ごおうほういん》も、家津御子大神が別名スサノオであることから、その仏の名である牛頭天王に由来しているともいわれる。

今回の鼎談で、私は熊野本宮大社の主神が「イザナミ」ではないかという考えを明かした。それというのも、素盞嗚尊《すさのおのみこと》は、伊邪那岐《いざなぎ》・伊邪那美《いざなみ》の子供であり、天照大神と、月読命《つきよみのみこと》という姉兄をもつ弟にあたる。

結びの宮	證誠殿	若宮
熊野夫須美大神 御子速玉大神	家津御子大神	天照大神

本宮大社で勧請しあい祀られる神々

拝殿は結びの宮の手前

熊野本宮大社で祀られる　神と仏

上四社

第一殿	西御前	熊野夫須美大神		千手観音
第二殿	中御前	御子速玉大神		薬師如来
第三殿	證誠殿	家津御子大神		阿弥陀如来
第四殿	若宮（若一王子）	天照大神		十一面観音

中四社

第五殿	禅児宮	忍穂耳命	オシホミミノミコト	地蔵菩薩
第六殿	聖宮	瓊々杵命	ニニギノミコト	龍樹菩薩
第七殿	児宮	彦穂々出見命	ヒコホホデミノミコト	如意輪観音
第八殿	子守宮	鸕鷀草葺不合命	ウガヤツチアエズノミコト	聖観音

下四社

第九殿	一万十万	軻遇突智命	カグツチノミコト	文殊菩薩・普賢菩薩
第一〇殿	米持金剛	埴山姫命	ハニヤマヒメノミコト	毘沙門天
第一一殿	飛行夜叉	彌都波能賣命	ミヅハノメノミコト	不動明王
第一二殿	勧請十五所	稚産霊命	ワクムスビノミコト	釈迦如来

本宮大社では家津御子（スサノオ）を主神としているが、一時的に本宮大社の證誠殿にイザナミが鎮まっていたことがある。それは平安以降、スサノオが場所をよけたのか、一緒に並べたのかがわからず、記述も明確ではないが、旧社地の大斎原には、これを読み解くヒントが隠されている。

本来、鎮座していた大斎原の土地は、川に四方を囲まれ「子宮」の形をしている。そこには現在に至るまで、無数の人々が出入りしてきた。参拝者の数だけの想念も出入りした。入口で自身の状況を受け入れて、しっかりと自分の立ち位置を確認し、神とが一体化している斎庭で手を合わせて、心身の一体感、自分の存在感を確認して、現状を受け入れて同じ口から出ていく。大斎原はそういう入口、出口のある場所であり、再生の場所だと考えている。

現在は大斎原には二〇〇〇年に立てられた大きな鳥居があり、参道（産道）の延長線上に産田社《うぶたしや》という社がある。大鳥居の内側からみて正面に位置するこの産田社は、古い絵図にも必ず本宮大社とともに描かれている大切な摂社だ。

本宮大社にはイザナミの和御霊《にぎみたま》が祀られているが、この産田社にはイザナミの荒《あら》御霊《みたま》が祀られている。イザナミがなぜ荒魂と和魂に分かれているのか、私にはわからなかった。

伝承によると、大斎原の大きな櫟《いちい》の木に三体の月が降りてきたのを、この地に迷い込んだ猟師が不思議に思い、

「天高くにあるはずの月がどうしてこの様な低いところに降りてこられたのですか」と尋ねたところ、その真ん中にある月が答えて曰く、

「我は證誠大権現（スサノオ）であり

両側の月は両所権現（イザナギ・イザナミ）である。

ご社殿を創って齋《いっ》き祀れ」

との神勅がくだされ、ご社殿が造営されたのを始まりとという降臨神話がある。そこで、この地の豪族・高倉下命《たかくらじのみこと》がイザナギとイザナミを鎮めたときに、イザナミの

魂を荒魂と和魂を分けてお祀りしたのではないか。本宮の主神としている家津御子（スサノオ）は伝承の中では大蛇を退治する英雄的な側面をもつ一方、高天原《たかまがはら》では乱暴者とみなされもした。暴れる子を、母イザナミが見守り続ける中で、子を諌めるという側面を産田社は担っているのだろうと私は考えている。熊野の母性はここにみることができるのだと思う。

修験道も、奥駈で本宮大社へ来たときには、入口の産田社に寄って荒御霊にお参りしてから、大斎原へ行って護摩を焚くべきだと思っている。

昭和二四〜二五年当時は、戦後復興期で本宮大社への参拝者も少なく、一カ月に一回小さな賽銭箱を集めるだけ、参拝者、訪れる人がいなかったと母から聞いている。自分一人で田んぼに水を引いたり、稲刈したり、野菜を作ってお供えしたりしていた時代があったと。参拝者が訪れると、宮司が走って行き、手を洗って、口をゆすぎ清めて、白袴姿になってお祓いしたりとか。企業も同じだが、厳しい時代もあれば順調な時代もある。宮司という立場でお仕えしながら、先代の父親の代からこの産田社に着目しており、産田社を大事にしなさいといい聞かされてきた。

三　補陀落渡海《ふだらくとかい》　八咫烏《やたがらす》

全国各地から霊験あらたかと、熊野詣が盛んになったのは延喜七年（九〇七年）の宇多法皇の御幸にはじまる。その後、約三〇〇年にわたり、花山法皇の参籠や、白河上皇らによる延べ百数十回もの熊野御幸があった。上皇から庶民に至るまで——身分、職種の異なる人が、「蟻の熊野詣」といわれたほどで鎌倉・室町時代には参詣者が道を連ね、全国からこの熊野を訪れて詣でた。

現在の大阪から海岸線沿いに和歌山県田辺市まで、そこから本宮大社と速玉大社を結ぶ道には、王子《おうじ》と呼ぶ祠が九九（実際にはそれ以上）あり、道中の安全祈願の道祖神として、道標代わりに祀られている。

神仏習合では神官と僧侶のあいだで献金額をふくめたいろいろな論争がありはしたが、山伏や熊野比丘・熊野比丘尼を全国に送り、信仰と参詣を説いて回っていた。それ以外にも、源氏、今川氏など各地の有力者や豪族が領地の一部を熊野三山に荘園として寄進した時代もある。寄進された場所が辺鄙な地であったかもしれないが、全国に熊野の神仏は勧請されていった。

また熊野の補陀落渡海も説明を欠かすことができない。大陸からみれば熊野は先端にあたり、仏僧により南方の浄土を目指す補陀落渡海の行が、文献でわかるだけでも八六八年から江戸時代に至るまでなされていた。捨て身の行で浄土を目指して海へ出て行き、小舟が黒潮に流されてしまった先で岸に漂着する。海岸に打ち上げられてしまった僧が、その地で熊野の神仏を祀ったという伝承も残っている。沖縄では琉球八社のうち七社までが熊野から勧請されているが、熊野神社が海の近くに多いのもひとつの特徴であり、現在四〇〇〇社近い熊野神社が広まった一因であると考えられる。

神社なので、お寺と違って末寺から本山へ寄進するという仕組みはなく、運営も

熊野本宮大社の八咫烏

日本サッカー協会
代表チーム エンブレム

各神社ごとが行っているが、全国熊野会という形で連携は保たれている。氏子さん・檀家さんも含めて、地域ごとに熊野神社を大切に考える上で生まれたつながりは保っている。

熊野三山のシンボルに八咫烏という三本足の烏がいる。伝承では神武天皇東征の折に、大和の国へ道案内をしたアマテラスのお使いであり、八咫とは大きく広いという意味であり、三本足はそれぞれ天・地・人を表す太陽の化身だ。起請文・神札である熊野の牛王宝印にも複数の烏が描かれている。現在では、日本サッカー協会のシンボルとして初めて知る人も多いと思う。熊野の八咫烏と日本サッカー協会の八咫烏の違いは、三本足の一本でサッカーボールを抑えているかで異なるが、ゴールへと導く使いとして考えられているようだ。サッカーは明治の初期に、青年のスポーツ交流の一環でヨーロッパに青少年が二〇〜

三〇人が選ばれて、その中に熊野の出身者が四～五人いた。まだ蹴球《しゅうきゅう》と呼ばれていた時代に那智勝浦出身の中村覚之助らが近代サッカーの普及に努めたと伝えられる。必然的なものだったかどうかはわからないが、球技でもそれぞれの役割をもったチームプレーが大切だと、その旗印《はたじるし》を何にするかというときに、故郷でみなれた八咫烏、地の力を信じて選んだのかもしれない。特に熊野三山のいずれかが承諾したという話は聞いていないが、八咫烏の導きに厚い思いが込められたのだろう。

四　世界遺産

平成二一年、熊野は世界遺産に登録されて七月七日で五周年を迎えることになった。ユネスコから世界遺産に認定され、登録された住所地が熊野本宮大社なので、当初、大社の運営に不便が生じるのではないかと案じもした。最初は世界遺産なんて気に食わない、という返事を再三繰り返した。第一、遺産じゃなくて、現在も活動しているのだと。それで違う表現ができないのかと。またすでに認定されている京都に問い合わせたり、厳島神社に聞いたりもした。

いまは世界遺産の認定を受けたことで、私は新たな誕生日をもらい、宿題を与えられたと思っている。永遠と続くものなら、しっかりとした意識でやっていかないといけない。これまで継承してきた歴史と、先人の思いと、次の先代へと繋ぐメッセージを発信していく責任も負ったことになる。それを重荷と感じるのでなく、むしろ情報を発信するチャンスだと考えている。この地が世界を代表する文化としてふさわしいとユネスコが判断し、われわれらが予想だにしていなかった世界遺産に選ばれたことで、この地で伝承してきたことを堂々と発信していく機会が得られたと痛感している。地元の人々もまたそれを強く実感し始めている。

熊野は、これまで時代が困窮したときに求められる傾向にあった。

スサノオもしかり、小栗判官・照手姫の伝承もあれば、一遍上人もしかり。この場所は再生の場所として成り立っている。日本人は困ったときに「神様、何とかしてください」とよく考えるが、これは日本人だけの発想。なのによく「私は無宗教」という返事を聞く。日本人は間違いなく、みんな多神教だと思う。

神道というのは神の道であり、すなわち人の道でもあるわけで、初詣、お宮参り、七五三と、本来は日本人がくりかえしてきた人生儀礼のひとつであり、儀礼のたびに神社に詣でて、日々の健康や幸せを祈った。だが、昨今は核家族化が進んで神棚も祀っていないので、神社が日常とは隔たりがあるように感じてしまう。神道だからと身構えるのではなく、人生の節目に限定せず、日常でもほっとしたいときに、リセットしたいとき、住まいの近くの神社を訪ね、その土地にどんな神様が祀られているかを知り、楽な気持ちでお詣りする習慣を知ってもらいたいとも思う。

最近若い女性のなかで、日本の武将のファンが増えているらしいが、好きな武将を通じて武運長久を祈った神社に出かけるのもいいかもしれない。なぜ、神社に階段があるのか、鳥居が神様のおわします入口に建っているのか、手水をしてなぜ体を清めるのか、お詣りするときは「二拝二拍手一拝」とかを考えながら。案外と古くからの日常的な習慣を忘れてしまっているが、神社には人々のモチベーションを高めるキーワードがあるはずだから。

一神教で育っている外国の方々は、日本の慣習がわからないとよくおっしゃるけれど、理解しようとしていないだけかもしれない。世界平和にしても、熊野が宗教の融和を図ってきたように、日本は国々の融和を図れる立場の民族でありながら、一神教と同じような感覚で振る舞おうとすること自体が、相手の国に対して失礼な話であって、自分たちの民族性を日本人自体がよくわかってないと思う。これだけ宗教や文化が融合した状態で、長く歴史を積み重ねてきているのは日本だけだから、一神教の方とでも誰とでも弊害なく言葉を交すことができるからこそ、今はここから種をまく時期だと思っている。

熊野本宮は困ったときに求められる傾向にある。平和なときは顧みられることが少ない。しかし熊野が、日本人の原点を示しているのではないかと、自分のDNA探しを始めている人も非常に多くなっている。前向きで明るいのが本来の日本人のよさでもあるので、将来は、自然と神と仏が一体となる熊野の斎庭のような考え方がだんだんと定着していくのではないかと思う。大らかに、分け隔てなく受け入れ、そして再生していく。それは熊野の地だけに限らず、地域ごとにできるのではないかと思う。初詣もひとつの神社に集中するのでなく、地元の神を大事にし始めるのも一歩だと思う。地元の神社に挨拶する、詣でる。そうすることでよりどころを自分たちの住んでいる身近にみいだし、生活がしっかりしてくると思う。

本宮大社も地球環境でのエコロジーを考え、何かできることはないかと考えたとき、杉の間伐材をつかって本宮のお札を作ることを思いついた。森林組合に電話して組合長に話をしたら、

「宮司さん、そんな大事な御札をやっていいんかな」

「いや、やっていいんではなくて、やらないといけないんですよ」と。

山の木々を守る林業では、若木を間引きしていかなければならず、引いた杉の間伐材は不要品ではなくて生命のあるものすべてに役割があるのだから、熊野は木の

国でもあるので、木の守護を願ってお札を作るべきなのである。

また、熊野を訪れたら、天空の星と月光の「闇の熊野」もぜひ知ってもらいたい。夜は、非常に心に響くものがある。都会であればまったくの静寂というのはないと思うが、熊野は違う。夜になれば自分が歩く玉砂利の音だけしかきこえない。あとは鳥や、ムササビが飛んだりとか。時たま、フクロウがホーホーと鳴くぐらいの声。日本人は想像力が豊かだから、熊野という聖地性とあわせて、いろいろなことを想像する。これまでは大晦日と正月だけ、本宮のご社殿に照明をあててきたが、闇の中の熊野詣もこれからは考えていきたい。大斎原、天、熊野を全身で、五感で体感できることと思う。言葉はいらない。

本宮から現代の人々に繋ぎ、伝えたいことは、土地の匂い、風、川、鳥のさえずりの中に、自然と神・人との共生を熊野で感じることで、一人一人が生まれ育《はぐく》んだ故郷を再認識いただきたいと願っている。

鼎談

植島啓司
九鬼家隆
田中利典

聖地をつなぐ道

植島　本日は、全国で約四〇〇〇社ある熊野神社の総本宮である熊野本宮大社の九鬼家隆さんと、現在の仏教界を代表する金峯山寺執行長 田中利典さんというすばらしい組み合わせで鼎談が行われる運びとなりました。こういうことはこれまでだったら想像もつかなかったでしょうね。仏教界では多弁な方は大勢おられますが、神道の方から詳しいお話を伺う機会は少ないものですから、今日はいろいろなお話しをお聞きしたいと思っています。

僕は宗教人類学が専門で、ネパール、インドネシア・バリ島など海外をもっぱら調査研究していますが、今から四〇年ぐらい前に、生まれて初めて商業雑誌に書いた文章が「熊野」についてでした。それ以来、なぜか妙に惹きつけられて、たびたび熊野を訪ねてきました。それでは、九鬼宮司から一言お願いします。

九鬼　自己紹介代わりに熊野神社についてご説明いたします。熊野神社という熊野から御霊《みたま》がわかれている神社は全国各地にあります。北海道から沖縄までくまなくありまして、全国でいちばん多いところは千葉県で二七〇社です。

しかしながら、一般に熊野というと「熊野本宮大社」「熊野速玉大社」「熊野那智大社」の熊野三山・熊野権現（祭神）がありますので、当然、本宮から全部がわかれているわけでなく、速玉大社、那智大社から御霊が遷《うつ》っている熊野神社もあります。時代的な背景から、本宮から御霊がわかれているお社が多いというだけで、約四〇〇社のうち本宮から御霊が遷っているのがどれくらいか、はっきりと判明しておりません。三割強は熊野本宮から御霊が遷っているだろうと、各県で調べましたところ推測されている状況です。

沖縄には沖縄琉球八社のうち七社が熊野神社です。熊野神社と書いてあれば熊野と関係あるというのはわかりやすいのですが、町の地名などで何々神社、何々宮というお社も、よく調べたら熊野さんから御霊がわかれている神社が全国に多数あるんです。沖縄には普天間宮や沖宮という神社があって社名は違いますが、これらも熊野の神々の御霊が鎮まっている神社です。

なかでも千葉、福島、愛知など海沿いの地域に特に多いことを考えますと、中世に、補陀落渡海で、黒潮に流され、たどり着いた土地で熊野を祀ったという伝承にもつながります。無論それだけでなく、中世に全国各地の有力者から荘園が寄進され、その場所に熊野が勧請されたケースもあります。

普段、神職というのは神社境内でしか、羽織・白袴の格好はしないのですが、熊野についての座談なので、この衣装でのぞみました。地鎮祭とか、外の氏子さんのお祭りにお話が

熊野神社全国分布数

		山形	142	長野	86	岡山	56	愛媛	33
		宮城	133	山梨	78	京都	55	香川	28
		埼玉	111	高知	72	石川	53	奈良	28
千葉	268	兵庫	107	富山	71	福井	51	滋賀	27
福島	235	静岡	102	青森	70	山口	46	徳島	23
愛知	209	福岡	102	東京	70	佐賀	44	宮崎	20
栃木	182	群馬	100	大分	69	島根	44	大阪	19
岩手	176	茨城	99	鹿児島	69	神奈川	43	北海道	15
熊本	158	岐阜	91	三重	59	広島	38	鳥取	15
新潟	148	和歌山	87	秋田	56	長崎	35	沖縄	8

あった時などは白衣袴ででかけますが、熊野本宮から白衣袴でバスに乗って、電車で名古屋へ行って、新幹線に乗るとなりますと、道中で何かいかがわしい人かと間違えられてしまうんですね（笑）。こういう時代ですから、かえって危ないいんじゃないかと思います。以前にも単独で、東京柴又の方々に頼まれて、熊野について講演をしたことがありましたが、ネクタイを締めてスーツ姿なんですよ。

私は口下手といいますか、神主はおとなしいので、前に出ることがほとんどなかったわけですが、植島先生と田中利典さんという顔ぶれに、私は問われたら答えるだけで、ご一緒したいと考えます。

田中　奈良・金峯山寺の田中利典です。実は私はこれまで「熊野古道の催しには参加しない」というポリシーをもっていました。なぜ出たくないかにはきちんとした理由もあります。

世界遺産「紀伊山地の霊場と参詣道」は、「熊野古道」「高野山の町石道」「大峯奥駈道《おくがけ》」の三つの道と、「熊野三山」「高野山」「吉野大峯」という三つの霊場によって、二〇〇四年に登録されました。ですが、東京で百人に聞くとたぶん九九人は「あっ、熊野古道の世界遺産ですね」としかいわないんですね。

吉野大峯は熊野古道のおまけでなったわけではないので、私にとって熊野古道はいわば不倶戴天の天敵のようなもの。ですので「熊野古道」の催しには行かないと繰り返しているのですが、実際にはお話すべきことも多々あって、気づくとこうして座に加わっているわけです（笑）。

先ほど、控え室で九鬼さんが服装のことをを非常に気になさってたのですが、神職は白袴の格好で街中をウロウロすると、いろいろと勘違いされるかもしれませんね（笑）。逆にお坊さんは、結構この格好で（僧衣）街中を歩いています。南都（奈良）のお坊さんはどこへでも必ずこの格好でお歩きになります。特に薬師寺の故 橋本凝胤《ぎょういん》和尚は厳しくて、「着替えないといけないような場所には行くな」と戒められたので、彼らは焼肉屋にもこの格好で行きますからね。ただ、私は南都の人間ではないのでめったに僧衣では歩きません。そんな恥ずかしいことはできませんから

紀伊山地の霊場と参詣道
滋賀県
京都府
大津
京都
兵庫県
中部国際
津
神戸
大阪
奈良
三重県
奈良県
伊勢神宮
関西新国際空港
大阪府
外宮
内宮
吉野・大峯
伊勢路
高野山町石道
大峯奥駈道
高野山
小辺路
和歌山県
熊野灘
中辺路
田辺
熊野本宮大社
新宮
熊野速玉大社
熊野那智大社
白浜空港
那智勝浦
大辺路

（笑）。まあでもスーツ姿ですと、髪の毛が短いものですから、その筋の人に間違えられることが多々あります。で、普段はなるべく帽子を被って歩いています。ところで今日は植島先生のコーディネートですので、安心してここに座らせていただいているだけでよいだろうと思っております。

植島　今回の鼎談は三重県が企画しました。三重県には熊野古道の伊勢路がありますが、現在の伊勢路というのはなかなか地味な道なんですね。

伊勢神宮と熊野本宮大社を結んでいる、日本でもこんなところは滅多にない貴重な道が三重県には通っているんですが、これまであまり話題にされることが少なかった。その三重県が主催して、奈良と和歌山のお二人をお招きしたというのは、なかなか懐の大きいところですね。

ところで、大峯奥駈を拠点としている田中利典さんにとっては熊野古道に対して、ちょっと文句があるとお聞きしましたが、「参詣道」と呼ぶのは、不満なんですね。

田中　そのとおり、「参詣道」という呼び方は、大いに不満です。たしかに熊野古道は熊野参詣道です。高野《こうや》の町石道も参詣道なんですが、大峯奥駈道は正確にいうと参詣道ではありません。奥駈道とは、日常の雑念から距離をおき、自然と向き合う修行の道だからです。

熊野から吉野へ歩くのを「順の峯――順峯修行《じゅんぷ》」といい、吉野から熊野へ歩くのが「逆の峯――逆峯修行《ぎゃくふ》」といいます。私の寺は吉野が拠点ですから、たいてい逆峯となります。今年六月も九鬼さんの熊野本宮大社へ行きましたが、奥駈修行は、熊野本宮へ到達することを目的にして大峯の山々を歩きつづけるわけではないんです。熊野から吉野を目指す順峯修行も同じく、吉野に到達することを目的に歩くのではなくて、道を行ずること、道すがらの場所ごとで修行すること自体が目的なんです。結果、最終的に熊野か吉野に到着するわけですが、終点でお詣りすることだけが目的ではないんでね。だから「参詣道」とは意味合いが違うのではないかと思っています。

植島　「紀伊山地」という呼び方にも不満ですか？

田中　「紀伊山地」というと、「熊野」をイメージしがちですね。だから熊野のおまけで、吉野大峯が世界遺産の仲間に入ったようにいわれてしまうのが悔しい。お役人に「ここ一帯を紀伊地方っていうやないか」っていわれたことがあります。しかし紀伊地方から受ける印象は紀州と伊勢です。どこに吉野大峯が入っているんや、という話です。紀伊半島は三重、奈良、和歌山で構成されていますので、「紀伊半島の霊場」ならまだしも、紀伊山地というのはなんか違うでしょう。私は暫定リストに載った段階から、奈良県に表題の変更を申し入れたのですが、和歌山県に合わせればいいじゃないかということでした。

世界遺産「紀伊山地の霊場と参詣道」のシンボルマー

世界遺産認定の石碑

「紀伊山地の霊場と参詣道」のシンボルマーク

クについても、この図柄は三つの霊場を表す山と道と川を表しているそうですが、どう見ても和歌山側から見た紀伊半島に見えてしまう。これもだいたい気に入らない。いかにも熊野が中心という感じでしょ。半島の中心には奈良があるのに、影がうすい。でも、今回は熊野古道をテーマにしているのであまり悪口はいわないようにしたいと思います。

植島　もうずいぶんいってますけどね（笑）。さて、九鬼さん、三日前に根津で飲んでいたら「九鬼水軍」というお店がありました。宮司の九鬼の「鬼」という字ですが、よくレジュメでは「鬼」になっていますが、「鬼《おに》」ではないんですよね。

九鬼　私の名字は「九鬼」ですので、頭に点がありません。鬼の角を抜いて神になったいういわれがあり、本来「かみ」と読ませて「くかみ」という姓で最初に授かったということです。

植島　でも、それだと普通にパソコンで検索しても出てきませんね。

九鬼　今はありません。ただ私の名刺には点が印刷されていませんが、テレビ、雑誌などに名前を載せる場合は、植島先生がおっしゃったように、パソコンで表示されない字なので、点が入った鬼の字で了解してくれとよくいわれます。それはそれでいいのですが、実際には「くかみ」という名字であって、点が入ることは邪気が入るのです。

鬼というのは政《まつりごと》を行うという意味を含んでいて、いろんな節目節目の時、新潟で大地震に見舞われたり、地球温暖化もそうですが、いわば時代時代で世相が大きく動く時には、きちっとした政をする家となるという前提です。この九という数字はいちばん大きいということと、今申し上げましたように、点を入れると邪気が入るので、これを外して「かみ」と読ませるという意味がありました。

あと「魂魄《こんぱく》（死霊）」という字にも、本当は点がないんですよ。「魂魄」にも「鬼」という字を使いますが、実際には点がないのも、同じ理由から来ているようです。

植島　それで、元々は九鬼水軍の末裔ということでよろしいのですか？

九鬼　そうです。

植島　海賊ですよね。歴史をひもときますと、日本海で大陸の国々を相当苦しめたり、大暴れをしたと聞いていますが。

九鬼　海賊というより水軍です。海賊と水軍じゃ全然意味が違う。水軍です。先祖の九鬼嘉隆は、安宅船という鉄鋼船を造って、大阪湾上で信長や秀吉と一緒に村上水軍と戦い、関東では小田原城を攻めた武将です。あんまり暴れすぎて、子孫は山奥に追いやられたということです。それで現在、宮司として神事《かみごと》で神の前で手を合わせることしかできないというようなことになったんだと思います。

植島　利典さん、世界遺産登録への働きかけでは相当ご苦労なさったと思います。世界遺産に認められるまで宗教界をまとめるのはずいぶんたいへんだったと思いますが。

田中　いえ、そんなにいっていただくほど、たいへんじゃありませんでしたよ。私はただ一番最初に手を挙げただけですから。

修験道を開いたご開祖に役行者《えんのぎょうじゃ》＝役小角《えんのおづぬ》がおられますが、この方の一三〇〇年遠忌《おんき》が西暦二〇〇〇年にありました。それを契機に他の修験の本山などと連帯し始めたんですが、その連帯を広げるひとつのツールとして、「世界遺産」というのはたいへん面白いなと思いました。この修験の連帯という動きの中で登録に向けて手を挙げ、行政にも働きかけて尽力してもらったんですよ。

和歌山県は以前から熊野古道と高野山のふたつで世界遺産を登録しようと動き始めていたところ、三重県と和歌山県と奈良県で「紀伊半島知事会議」があり、紀伊半島を活性化しようという会議にこの世界遺産登録が話題として登場したんですよ。それで、私からお願いして奈良

スペイン北部サンティアゴ・デ・コンポステラの巡礼路

県側からも一緒にやりましょうと提案してもらいました。

どうも和歌山県は熊野古道と高野山という県内だけで進めたかったようなんですが、それでは文化庁も決定への要素が不足して推薦できなかった。

奈良県が手を挙げることで、紀伊半島全体が道でつながるという形が浮き彫りになった。「道」の世界遺産は事例が少なかったんです。スペイン北部を横断する「サンティアゴ・デ・コンポステラ」しか、世界で道の遺産と呼ぶものがなく、ましてやコンポステラはキリスト教巡礼の道ですが、紀伊半島は、仏教、修験道、神道が交錯する希有な道なんです。文化庁もこれは面白い、と推してくれることになりました。和歌山県の動きが先行していたんですが、そうした経緯で奈良県、三重県が後からついていく形で登録されました。

植島　今回、世界遺産になったことで、神道、仏教、修験道が繋がる熊野古道の価値が見直されましたが、今から二〇〜三〇年前だったら「神仏習合《しんぶつしゅうごう》」という言葉は非常に響きが悪い、何か猥雑な感じがしていました。熊野は元々この神仏習合についてどのようにお考えだったんですか？

九鬼　これは簡単なようで難しいことで、神と仏が一体であるというのが根底にあります。たしかに慶応四年三月二八日に発布された「神仏判然令」からの流れで、廃仏毀釈《はいぶつきしゃく》という運動があり、それ以降は神と仏が分かれた形になっていますが、神社としては別々には考えがたい。

熊野本宮でも、證誠殿で、家津御子大神を祀っていますが、それに対応するのは阿弥陀如来です。

現在も神社での社頭説明で、神と仏をひとつとしてご説明する時には、本地仏《ほんじぶつ》（神の姿をした仏）の名前を申し上げております。根底では今もなお一体であるという思いがあります。熊野本宮も現在、宮司が中心になって守っていますが、仏教僧が守っていた時代もあります。

植島　でも、一般の神社はなかなか頑《かたくな》で、神と仏が一緒だと認めようとしないところが多いですよね。

九鬼　たしかに多いかもしれませんが、ただ熊野三山や出羽三山など、神と仏が歴史的に深くかかわってきたところでは、現在も大きな違和感は抱いていないと思います。

植島　そういう意味では、熊野は非常に特殊ですか？

九鬼　若い世代にお話するときは、神奈川県藤沢市にある一遍上人《いっぺんしょうにん》の時宗《じしゅう》総本山遊行寺《ゆうぎょうじ》というお寺を例にあげて話します。これがいちばんわかりやすいはずです。

遊行寺で本尊とする仏は阿弥陀如来で、本宮の家津御子大神の本地仏です。遊行寺の「御連歌式会《ごれんがしきえ》」では、熊野本宮の御霊をお祀りして開帳されていますし、一遍上人から現在七四世にあたりますけれど、新たな上人に決まると、寺の晋山式を終えた時点で、一〇日以内に熊野に詣でて、本宮の證誠殿というお社《やしろ》で奉告祀（神に伝える儀式・奉告祭）を行い、踊り念仏をすることが今なお慣習となって続いています。

踊り念仏とは、天台宗の僧 空也《くうや》にならった一遍上人が、太鼓・撥・鉦《かね》を叩いて一心不乱に踊りながら念仏をするんです。

植島　熊野本宮では、神道と仏教が祀られる神仏習合が、歴史上、継続してきたということですね。

九鬼　私はそう思っています。

ただ慶応四年に「神仏判然令」が出され、日本も近代化の波を浴びて、欧米にならって宗教をひとつにしようと考えたわけです。結果、当時の政策によって、図らずも仏教が排斥を受けました。今もそうですが、政策で決められただけでは人の心は簡単に変わりません。表面的に仏教が消えても、その思いは、熊野の本宮における仏としての阿弥陀や薬師如来、千手観音の存在といった、ひとつの霊場的なとらえ方で、今なお全国の各宗派を問わず、真言宗も時宗も含めて、寺のご住職らが先頭を切って檀家の方々を連れてお参りにみえます。

年間一二ヵ月のうち、春・夏・秋と観光シーズンでの繁忙期があります。時宗は格別に多いのですが、宗派を問わず檀家を連れてお参りに来られるのは、全国の一般の神社では考えられないと思いますよ。

それこそ老若男女を問わず、貴賤を問わず、浄不浄を問わず、信不信を問わず受け入れてきた、熊野の役割だと思います。

植島　利典さんは、神仏習合についていかがお考えでしょうか？

田中　そうですねえ。私は、修験道というまさに神仏習合を基盤として成立した宗教の本山にいます。修験道というと、ある事情があって、特に関東あたりでは近年ほとんど見かけませんので、ご存じない方が多いと思いますが、鈴懸衣《すずかけい》といういわば変な格好をして山を歩く人たちのことです（笑）。

そのある事情とは、九鬼さんもいわれたように明治初期に神仏分離を押しすすめる「神仏判然令」が出て、その後は神仏共同布教体制に移行したものの、修験道については、明治五年（一八七二）に「修験道廃止令」という太政官布告が発令され、修験は明治の初期に禁止解体されるわけです。あのオウム真理教でも破防法が適用されなかったのに、修験の寺は、神社にかかわるか、廃寺になるかしかなかったのです。それによって修験者と寺の数は大きく減っていきました。

私のいる金峯山寺は現在、修験本宗の総本山として復寺しましたが、明治七年から一九年までは廃寺とされ、一三年間にわたって地元金峯神社の末社として復飾神勤した時代がありました。このときの災禍は今も大きな傷跡となっていて、吉野全山の境内地をなくしたばかりではなく、金峯山寺は役行者の開山以来、一二〇〇年にわたり大峯山上と吉野山の、山上山下に本堂が二つある寺だったのですが、明治の復興以降、様々な経緯を経て、山上は大峯山寺という別のお寺となり、山下吉野山の本堂のみが金峯山寺となって今日に至っているのです。神仏分離といういわば修験道にとっては一大法難によって、金峯山寺の寺勢も大きく削がれ、大変な変革がもたらされたのです。

しかし、今もお話にありましたように、いかに国の施策といえども人の心まで変えてしまうというのは簡単にはいかない。人の心の中に修験道は残り続けて、最近ようやく勢いを取り戻しつつあります。

ただ神仏分離は、単に修験を解体しただけでなく、日本人の宗教観というか、宗教心の根っこの部分を壊してしまった面があるという気がします。もっというと、神仏分離以降の日本人は、日常生活における神や仏からどうも遠ざけられた、引き離されたという気がするんです。国家神道というイデオロギーがひとつの独立した宗教を作ってしまった弊害があり、戦後はその国家神道も敗戦によって解体されてしまいます。そうすると日本人は二度にわたってたいへん不幸な経験をしているわけです。まるで文化大革命のような変革です。道徳や生活習慣の基盤となってきた仏教の教えをいっさい否定されたのですから。もうそろそろ目覚めないといけないのですが、そのためにも九鬼さんのような、昔から神仏習合をやっておられた神社が、「神仏習合だよ」と当たり前にいってくださることが大事だと思います。

植島　神仏習合が、日本の宗教の当たり前の形だったわけですね。

田中　そのとおりです。仏教が日本に入ってきた時に、いちばん最初に彫られる仏像はクスノキです。クスノキというのは霊木ですから、神社に植えられていた香木です。仏教が日本に入ってきた段階から、神道と非常に一体化している。

神道の方も、仏教が伝来する以前は、一貫した概念すらなかったわけです。名称もなかった。それが仏教を意識することによって「神道」という言葉が生まれ、教義のようなものが整い、しまいには仏教をまねてご神像まで作ってしまうことになる。当初、崇仏《すうふつ》派と廃仏《はいふつ》派で若干の争いはありましたけれども、一三〇〇年のあいだ基本的に仲良くしてきたわけです。それが、明治に仏事を禁止して、神道に一本化しようとする不具合な運動が起きたのです。それまでは仲良くしていたというのに。

日本ではどこの家庭にも、ちょっと前までは神棚と仏壇が仲良くあったわけですね。ところが、明治以降たかだが一四〇年のあいだに、日本人は日常的な神と仏から遠ざけられてしまった。学校でも、歴史の授業で上っ面をざっと習うことはあっても、私立校でもない限り、神仏についてきちんと学ぶことは、まずない。加えて、核家族化が進み、若い人たちの家庭には神棚も仏壇もなくなったでしょ。まさに神仏なき時代を、人は生きつつあるのかなと感じます。

だけど、江原啓之さんとか美輪明宏さんとか細木数子さんではないけれど、スピリチャルという前世を語る人たちがマスコミで受け入れられるのは、やっぱり「三つ子の魂百まで」で、日本人が生まれながらに体感している何かから、宗教的な話題への居心地の良さみたいなものを感じとっている。そこには神も仏も混ざりあった世界を求める気持ちがあるからだと思います。

紀伊山地が世界遺産に登録されたのをきっかけに、修験道が身近なものとして認められるようになったり、熊野本宮に若い人が足を運ぶようになれば、それは決して悪いことじゃなくて、日本人にとって大事な意識を取り戻すきっかけになるとも思います。ただ、その根本をきちっと理解しておくことは必要だと思います。神仏分離以降の価値観にわれわれはけっこう洗脳されていますからね。

植島　江原啓之さん、美輪明宏さん、細木数子さんの解釈にはちょっと危ういところがありますけれどね。たとえば、細木数子さんの『六星占術の極意』を読むと、日本でお参りする意味のある神社は三つしかないとあります。伊勢と熊野と出雲、この三つ以外のところはお参りに行っても何も霊験あらたかじゃありません、と書かれていますが。

九鬼　そんなことはありません。私も何回か細木さんとお会いして存じていますが、実際にそうおっしゃっているのであれば、それは間違いです。

東京だったら明治神宮だとか、赤坂の日枝《ひえ》神社、神田明神など、神社ごとにお祀りしているいわば神の領域というか、地域に根ざした祭り事があるわけです。学問の神様、縁結びの神様、商売繁昌の神様とかね。靖國神社が大東亜戦争での軍人を中心に祀っていると思っている方が日本人にも多いですが、実際、祖国に殉じた御霊すべてが祀られているんです。熊野でも日枝神社でも、各神社ごとに神様の役割がありますので、皆さんがお出かけになる時には「この神社はどういう神様なのか」ということをしっかりと押さえてください。

交通安全とか良縁を祈願する神社は、たしかに全国どこへ行ってもありますが、昔の人は、商売繁盛を祈願するときには神田さんにお参りしに行くんだとか、それ

大斎原にあった熊野本宮大社

ぞれ意味があったわけですよ。だからこれからの時代、お詣りする事柄によってはこういう神社がありますよ、ということを皆さんにわかりやすくお知らせすることも大事だと思います。

田中　熊野本宮には、どんなご利益《りやく》があるんですか？

九鬼　第一には「再生」ですね。自分で新たに働き事を始める時には、しっかりと自分の原点を取り戻すために、熊野を訪れて、前へ向って突き進む、大きな飛躍をするための起点というか、ひとつの働き事を始める「魂のよみがえり」の要素が根底にあると思います。

世界遺産としてユネスコに登録されている番地は、本宮の番地になっているんです。後ほど詳しくお話しますが、熊野本宮は、ご社殿がかつて大斎原《おおゆのはら》という場所にありまして、ここは熊野川、音無川、岩田川の合流点にある中州で、現在は大鳥居がありますが、現社地の八倍もの規模を誇っていました。明治二二年（一八八九）八月に、上流の過剰な木々の伐採が原因で水害が起きて流されてしまうまで、大斎原に本宮が鎮座していました。いにしえ平安、鎌倉の人々はこの大斎原を目指して、熊野へ詣でたそうです。

先ほど利典さんのお話で、世界遺産を申請する時に和歌山県はたしかに動きだしは早かったわけですが、それは俗にいう「行政主導」だったわけです。本宮に話が来た時、私はいったん反対しました。反対した理由は、世界遺産の「遺産」という言葉が気に入らなかったからです。

ギリシャの神殿のように、いってみれば大理石の遺跡だけが保管されている、休眠状態の「場」ではありません。観光客が時たま訪れて、写真を撮って想像をめぐらす、ただそれだけで終わるような「場」ではないんです。今なお、時代が変わっても現代の人々が、再生や無心など思いをはせて熊野に足を運んでいらっしゃるわけです。ここは過去の建造物の跡などではなく、先々も継承して未来永劫つづく大社ですから、そのような場所を「遺跡」扱いにし、「遺産」とするのはどうかなと、冗談交じりに話したことはありました。

それに世界遺産は、登録されてお墨付きがついて終わりというだけでなく、保護、保存、教育活動をしていかなければならない義務と責任が生じてきます。私は最初、ユネスコからさまざまな制約を受けるのではないかと懸念して、すでに世界遺産に登録されているところへ問い合わせをして様子をお聞きしました。登録されて以降は、宿題を与えられたよい機会と考えています。

植島　前向きですね。熊野というと、東京に住んでいる人間からは、非常に神秘的でミスティックな響きがあります。ですが熊野というのは歴史の節々で大きなブームが訪れます。誰も彼もが定期的に参詣する場所というわけではない。なにか節々で、たとえば神武天皇が国を開き、日本の古代史が始まる時に熊野が出てくる。また、一二世紀の保元・平治の乱という古代から中世へと時代が大転換する時に、後鳥羽上皇が夢を見るんですよね。夢解きした結果、翌年、天下分け目の争いが起こるという熊野の託宣が下される。ここでも熊野が登場する。そして、二一世紀にはいって、世界遺産という特筆すべき場所になり、なにか千年単位ぐらいで熊野は歴史に大きく登場してきますね。

九鬼　それが不思議なんですね。熊野はその時代に応じて必然的に表に立つ、というか、植島先生がおっしゃったように、日本の大きな節目、変わり目の時に、熊野という場所が注目され始める。聖地といわれる由縁だと思いますが。

今回、世界遺産になって、団塊世代の方も多くご夫婦で訪ねて来られます。しかし、奥駈の本格的な修験の道ではありませんが、熊野古道を気楽な山道レベルで考えて、ハイキングのつもりで歩けると思っている人も中にはいるんですよ。それで驚いてすぐ取りやめたりとか、そんなつもりじゃなかった、とかね。熊野古道も参詣道ではありますが山道ですから、ハイヒールを履いて来られて、それで軽く歩ける道ではありません。

熊野という場所は、聖地といわれながら、名前の語源に「聖者、死者の霊魂がそこに集まる」という意味もあります。神のいますところとか、隠れの国とか、多くの意味があるわけですが、世界遺産になってからは、マスコミの影響が大きいと思いますが、スピリチュアルな聖地として見なして来られる方が増えました。

「熊野はなぜこんなに人が多いんですか」

「熊野の名称にはどういう謂われがありますか」

「どうしたら霊性を体感できますか」

とかいわれましても、わかる人にはわかるし、わからない人にはわからない。熊野に来て、ご自身で問いかけ、ご自身でしか感じないものがあるんですよ。

　俗にいう「霊感」とかそういうものではなくて、各人の感性で、何となくここは自分に合うとか、何となく気持ちがホッとするとかね。自分の家にいると、自分の部屋がいちばん心が落ち着くとか、そうした「場」が、この時代に求められていると思います。だからみなさんが熊野に来た時は、「場」というものをしっかりと認識して、自分を見つめ直すことです。

　熊野古道を訪れるのであれば、自分というものを熊野という「場」で確認し体感していただく機会になれればいいと思います。道も奥駈ほどは厳しくありませんから。

植島　利典さん、この夏、吉野から熊野本宮までの、大峯山を抖擻《とそう》するいわゆる奥駈の大先達をされたとお聞きしたのですが、多くの入峯者《にゅうぶしゃ》を連れて、一〇〇〇メ

ートル級の山々の尾根を縦走するのは、暑いだろうし、衛生面、蚊とかハエとか自然が相手だと苦労も多いと思いますが。

田中　今年、修行中にダニに咬まれた傷跡が一ヵ月も経つのにまだ取れないんですよ。道中、虫もいるし、蛇《へび》や蝮《まむし》もいる。山中とはいえ暑いし汗臭いし、一日一〇～一三時間ぐらい、約五～六日間歩きつづけますから肉体的にも苦しい。昔の奥駈はもっとたいへんだったという話もありますが、考えてみれば昔の人は普段からよく歩いていた。現代人は交通手段が発達して便利になって、普段からそんなに歩かないでしょう。そんな中で、リュック背負って、水筒とおにぎり三つだけ持たされて歩くというのはすごいことだなと思います。

植島　奥駈というのは、普通の人も歩けますか？

田中　ええ、普通に参加して歩けると思います。かなり体力は要りますが。ただ、東京のような大都会に住んでいて奥駈に行くというのはものすごく勇気が要るし、家族の心配も含めてたいへんなことだと思います。管理の行き届いた都会と違って山中って極めて危ないところばかりなんですよ。本来、行《ぎょう》の場ですから、命綱なしに険しい岩場をつたい、鋭角な岩壁を登ります。今年も実は他の奥駈で大きな滑落事故があり、行者が岩場から五〇メートルほど落ちましてね。ヘリコプターで助けに来てもらって一命をとりとめたのですが、行場はそんな危険な場所ばかりなんですね。死ななかったのが奇跡的でした。そういう危険と背中合わせになりながら行じる。悟りをひらくというか、心身を浄化するために、ひたすら無心で歩き続けます。歩いている時は危険性をそんなに意識していないんですが、それでも覚悟を持って歩くことに意義があるんだと思います。

植島　「行」を実践しながら、生命をかけて宗教を体現しているのは、なかなか現在の仏教界では少ないですね。

田中　修験は在家主義で、専門の行者と一般の家庭や仕事をもつ人とが一緒に修行できる部分が他の宗門よりはたくさんあります。山を歩く時は、専門の山伏（修験者）が先達になって、初めて来た人（新客）と一緒に歩くわけですから、そういう意味では非常に親切です。たとえば座禅の場合は、一年の修行の総決算である臘八大《ろうはつだい》接心《せっしん》に誰もが参加できるわけではない。ある程度、専門の行者でないと入ることはできない。そう思うと、修験というのは、奥駈修行というもっとも肉体的、精神的に厳しいといわれる修行でさえも一般の人を迎え入れています。

ただ今年のような事故があると、本当に恐いです。やはり事故に遭うのは新客さんが多いので、最近は皆さんに保険にもちゃんと入ってもらっています。保険に入って修行するというのも変な話ですが、今の御時世では、後で補償問題などいろいろと問題が起きますからね。それで「何があっても文句いいません」という誓約書をとります。今年、奥駈に来た方も奥さんにちゃんと誓約書を見せて出立してきたはずです。一応家族に了解をとってきてもらわないと、後でご家族から怒られても困るので（笑）。

奥駈の魅力は難しくいうと近代より前の価値観、つまり明治時代よりも前の価値観を体感できる、そこには近代以前の価値観が残っているということなんです。私は「神仏判然令」によって起こった廃仏毀釈《はいぶつきしゃく》（神仏習合の廃止、仏事の禁止、寺院の統廃合など）以外にも、近代がもたらした弊害について考えていて、とりわけ近代という価値観を疑っています。

みなさんの生活で、明治よりも前のものって、もうものすごく少なくなっているということを知っていますか。まぁ明治より前に生まれた人はいないと思いますが、今、明治よりも前から受け継いでいるものについて考えると、私が着ている僧衣、九鬼さんが着ている神官装束、あるいは扇子や数珠ぐらいでしょう。教室にある電灯、ホワイトボード、机も靴も全部、明治以後にできたものですよ。明治よりも前から継承してきたものが本当になくなってしまった。明治以後というのはいわゆる日本が近代化に向かった時代です。で、その近代がちょっと怪しいでしょう。近代におきた変革は多分このままではもたないという曲がり角に、現在きている。

では、次は何かというと、これがわからない。哲学者の梅原猛さんも著作の中でおっしゃっているのですが、明治時代になる前のもの、近代以前のものの中からもう一回探し出さないといけないのではないでしょうか。たとえば地球環境にしても、近代が急速に壊してきたわけです。二酸化炭素が増え、酸性雨が降る。そうすると、それよりも前のものの中から解決策を見つけていかなければならない。そうしたことがたくさんあるんです。日本も、明治以後、ずいぶん発展はしたけれども、人心も含めて本当に幸せになれたかどうか怪しいと考えています。そうした時にもう一回戻るべきものは何かと考えると、明治よりも前の価値観ということになる。

修験の信仰自体は明治よりも前からありますし、山の修行とは、明治時代より前の人の営みを脈々と続けているものです。そこがいちばんの魅力になると思います。

植島　現在、修験というとだいたい神社系なんですが、仏教系と

いうか、お寺が堂々と修験を名乗っているのは珍しいですね。

田中　植島先生はご存知でおたずねになったと思いますが、明治以前は、修験とは、いわば神社と寺の間に生まれた子どもみたいな存在でした。神道系の修験もあったし、仏教系の修験もありました。

詳しくいうと、修験としての信仰が集団として成立するのは中世以降なんですが、その時に核となるのは真言密教の教義や、天台の本覚思想といった仏教思想です。だから中身は非常に仏教ナイズされている。もちろん儀礼として神道の中に残っているものもたくさんあります。

それが明治以降は、修験道自体が廃止されましたから、神か仏かどちらかに決めなければ生き残れなかった。それで、おおかたが神社に転向してしまうんですね。羽黒山や英彦山《ひこさん》も含めて、ほとんどが神社になる。富士山もそうです。

ずいぶん昔ですが、富士山へ登って、富士浅間神社で法螺貝を吹いたら、よそへ行ってくれといわれたんですよ。浅間神社はそもそも修験が開いたにもかかわらず、今やそんな扱いを受けるんです（笑）。法螺貝は伊達に吹いているわけではなく、神仏への供養や、悪霊払い、あるいは修験道者間の合図として吹いているんです。ところが「あんたらややこしいから、向こうへ行って」といわれるんですね。元々富士は山伏が発展させた霊地ですからね。軒を貸して母屋を取られるといいましょうか、日本の山はほとんど山伏が開いた霊地なのに、明治以降、非常に理不尽な扱いを受けています。世界遺産への登録で、これからは少し認識が変わるでしょうが、やはり日本人が還るべき拠り所があるとするならば、そういうところが大事なんだと思います。

植島　利典さん、吉野大峯や熊野って、歴史上の勝ち組の人は訪れないですね。

田中　そうですね。みな中央で負けた方が、困ってお出でになっています（笑）。吉野の場合は、壬申《じんしん》の乱の大海人皇子《おおあまのおうじ》以外は負けたままなんです。鎌倉時代には源義経も来ますけれど、やがて追われますし、南北朝の後醍醐天皇はそのまま吉野でお亡くなりになります。あんまり勝ってないですね。でも、吉野にしろ熊野にしろ、さきほど九鬼さんが、熊野は「再生の場所」とおっしゃいましたが、再チャレンジとか、起死回生の場所というか、蘇生の場所という印象があるのでしょうね。都会からみれば山深い紀伊半島の大自然の奥で、なにか新しいよみがえりの力を感ずるからだと思います。

また、奥駈道は誰でも参加できると申しましたが、本当は誰でもが参加できるわけではない。九鬼さんの話ではないのですが、熊野古道を歩くように軽い気持ちで来てしまう困った人が本当にいるんですよ。

先に参詣道ではないというお断りをしましたが、まさに修行の道なのでハイヒールで歩くなど論外ですし、修行をするためには、それなりの、自分の精神・体力を相応に整えておくことが必要です。私も奥駈に行き始めた頃、修行の準備にトレーニングするのはおかしいなと思いながら、あらかじめ身体を鍛えておかないとえらい目に遭うので、やっていました。やはり、それだけの体力を培ってからでないと臨めない修行です。特に修験は、自然が相手ですからね。

都会人の中には、都会の論理をそのまま山の中にも持ち込もう、田舎にも持ち込もうという、ど厚かましい人がいるんですよね。田舎には田舎の論理、山には山の論理がありますから、そこに合わせることに実は大きな意味があるんです。都会の論理をそのまま持ち続けたいならば都会にいればいいんです。都会を離れて聖なる場所に来ることに意味があるわけです。まして修行の道は非日常です。

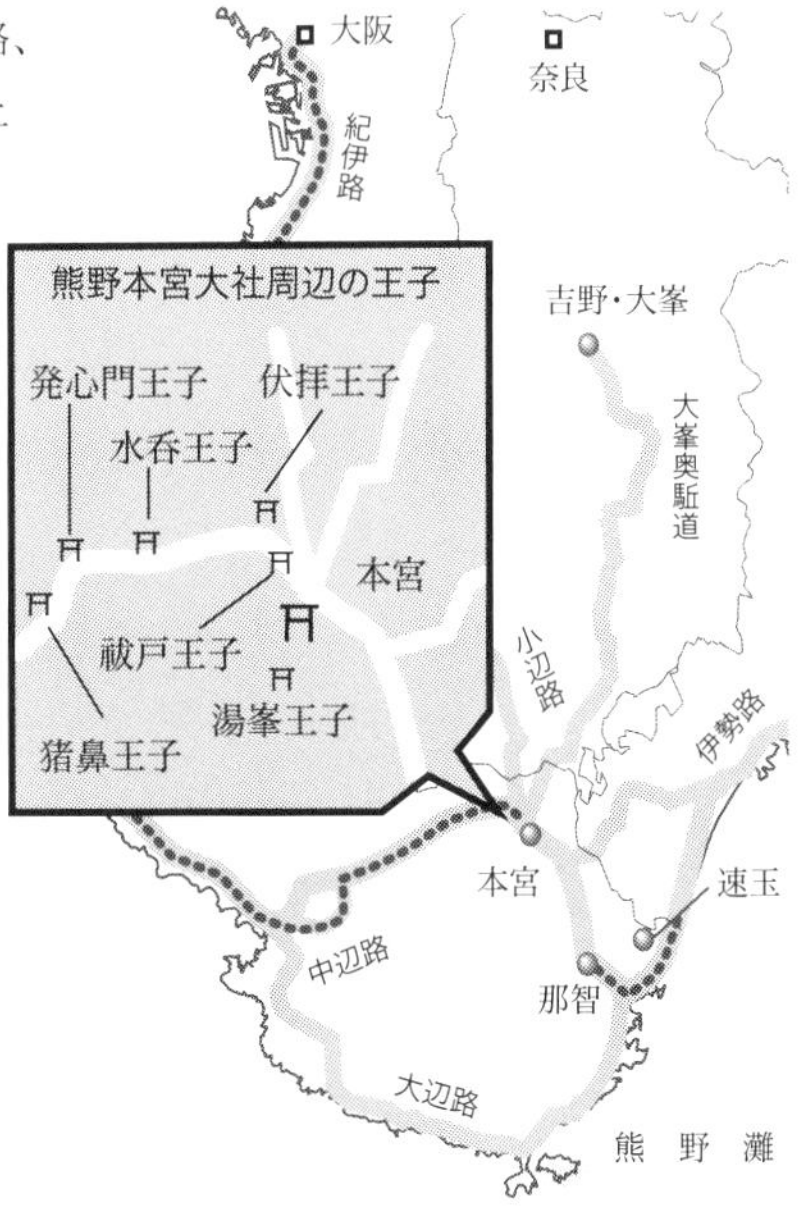

大阪の紀伊路から中辺路、熊野本宮大社まで百以上の王子が参詣者の道祖神となる

五節句

一月七日　人日、七草の節句
三月三日　桃の節句
五月五日　端午の節句
七月七日　七夕
九月九日　重陽、菊の節句

奥駈の形でそれを体験するのも結構ですし、熊野古道の宣伝はあまりしたくないんですが、やはり千年単位で人が祈りの心を抱いて歩いた道には、磁場というか、その人たちの営みの想いが残されています。あるいは、熊野古道には、「伏拝王子《ふしおがみおうじ》」「祓戸王子《はらえどおうじ》」といった百以上もの「王子」と呼ばれる御子神《みこがみ》を祀っている祠がありますす。京都・大阪から連なる王子は神仏にまつわる霊地であるわけですから、そこに足を運ぶことで都会を離れる醍醐味がある。これを日常と非日常というのです。人間は日常を時々離れて、非日常の中で癒されるものがあるんですよ。

日本人は、日常を「ケ」と呼ぶんです。だんだん日常生活の平凡な繰り返しの中で、気が衰えて、気が枯れてしまうと「ケガレ」て、ついには病気になる。その気を元に戻すから元気になるというのです。どうして元に戻すかというと、「ハレ」を行うんですね。五節句もそうですが、ハレの行為なんですよ。ハレというのは非日常で聖なるものなんです。

昔の日本人は五節句の中で聖なる年中行事をおこなってきたんですが、今はもう毎日が正月みたいな生活をしていますから、逆に日常と非日常の区別がつかなくなっている。東京から熊野への道のりもけっこう遠いんですよね。電車ならば、新幹線や紀勢線を乗り継いで、七時間ぐらいかかると思います。多分、飛行機で中国や東南アジアに行くほうが近いぐらいでね。だからこそ非日常として意味があるんです。

植島　本当にそうですね。大都市のいずれからも遠い。

田中　ものすごく遠いんです。アメリカにも行けるかもしれないぐらい遠い。七時間というと、かつてのコンコルドなら地球を回れるかもしれない。そこまでかけて東京からわざわざ明治より前のものがたくさん残っているところに行くということは、やはり特別なことで、非日常を体感できる格別の機会、格別の土地ではないかと思います。

地元の人も、そういう意味での熊野古道を考えて欲しいと思います。自分たちがこの土地に住んで守ってきたものが、実は今、日本がなくしたものをたくさん残しているんだ。そんな大切なものがこの土地の営みの中にはあって、今それを支えているのが自分たちなんだという自覚があると、きっと尋ねて来た人たちにも、いいものを与え続けられるのではないかと思います。

植島　熊野というのは特別な場所ですね。宇多法皇の御幸以来、鳥羽上皇、後白河上皇、後鳥羽上皇が熱心に熊野に参詣し、庶民による参詣も「蟻の熊野詣で」と呼ばれるほど盛んでしたが、今上天皇が熊野を行幸なさったことは、たしか一度もありませんね。

九鬼　ないですね。すべて上皇になってからです。

植島　それは上皇らが、たとえば比叡山とか高野山に対抗して何らかの力を得ようとして熊野に来るというか、動機づけがあった気がします。ですから、熊野というのはつねにそういうなにか力をもらうために来るわけですが、権力や中央とはつながっているものの、あまり直接には結びついていない。天皇が一回ぐらい来てもよかったのにという感じですよね。明治天皇が最初ですか?

九鬼　明治天皇様もおみえになっていません。

昭和天皇が、昭和四六年（一九七一）の黒潮国体の時に、新宮速玉大社、那智大社に来られましたが、本宮にも行きたいというお話が当時はあったようですが、今、田中さんからお話がありましたように、やはり新宮から本宮は当時遠かったんですね。道も舗装されていない状況でありましたし、だから拒んだわけではないと思いますが、結局は陛下の意に沿えなくて、熊野本宮にはお越しになっておられないのです。現在の皇太子殿下は一九九二年に行啓なさっていますが。

植島　ということは、九鬼宮司からすると伊勢神宮に対する特別なお気持ちはありますか。

九鬼　歴史上、みなさんがご存知のとおり「伊勢に七度、熊野に三度」という歌が残っているように、伊勢と熊野は深い関わりが多々あります。

神の系図でいいますと、熊野の主神素盞鳴尊《すさのおのみこと》に対して、伊勢の主神天照大神はお姉さんに当たるわけです。

本宮ではスサノオの大神のことを家津御子大神《けつみこのおおかみ》という別名で呼びますが、伊勢から見ると、弟が本宮にいて、速玉大社にはイザナギの大神というお父さんに当たる神様がいます。そして那智大社ではイザナミの大神でお母さんに当たります。系図では家族的なつながりがあるのです。

また、伊勢では平成二五年（二〇一三）に式年遷宮という二〇年に一度の遷宮が行われます。正殿をはじめ、宝殿や御門、神の衣服や装飾品類を新しくし、御神体を遷すのです。七世紀の持統天皇の代から続けられ、伊勢神宮にとって永遠性を実現する大いなる営みでもあるんです。通常、神宮や神社には宮司や禰宜《ねぎ》という職がありますが、伊勢神宮だけは大宮司なんですね。大宮司、少宮司という神職の呼称があり、そういう構成になっています。そのあとに禰宜とか宮掌《くじょう》という名称の神職がいるんです。

その大宮司の上に祭主様というひとつの役がございまして、必ず天皇陛下のお嬢さんがお務めになっています。現在、昭和天皇の第四皇女　順宮《よりのみや》厚子内親王だった池田厚子様が祭主をされておられます。かつて伊勢神宮で新たに祭主になった時には必ず熊野へ挨拶に来られるというひとつの慣習がありましたが、このところ途絶えております。あえていえばそういう関わりがあります。

植島 宮司からすると、伊勢神宮に対してちょっと違和感があるのでは？

九鬼 いえいえ、そんなことはありません。何事も良いとか悪いだけで判断するのでなく、つねに伊勢神宮は伊勢神宮だというそんな思いであります。先ほど申し上げたように、弟がお姉さんを見るという、支えるというと大袈裟ですが、そのような思いで見ています。

さきほど歴代の天皇や首相が、伊勢神宮に参拝に出向くという話がありましたが、私は現在の首相にせよ、政治家にせよ、やはり熊野に来るべきだと思いますね。やはり奥駈をするべきだと思います。どの党派も、本当に日本国を憂うのであれば、熊野、高野山、金峯山、こうした場所に臨んで、自分をもう一度見つめ直し、政治家という役割を、命を張ってやっていただきたいと思います。

植島　利典さんはどうでしょうか、奥駈に大先達としてお連れしますか？

田中　去年、吉野山にいろいろ話題になった政治家の方々が来られました。やはり起死回生を図るためという目的でしょうか。再生の場所ですからね。

九鬼　どうなったんですか？

田中　再生を祈願してお帰りになりました。政治の話は得意ではないのですが、もうそろそろ、この国のことをちゃんと考えていかないとダメだと思いますね。これは政治家だけではなくて一人ひとりが衿を正して考えていかないといけない。宗教者もちゃんと考えていかないといけないと思うんですが。

もうひとつ気にかかるのは、現代の日本では、ある意味で宗教に対する意識がタブーになってしまっている。大げさにいうなら「宗教狩り」が行われているとさえ私は思っていまして、明治以降、国民が神と仏から遠ざけられてしまったと痛感するところです。たとえばヤフーというインターネット検索サイトがありますが、あそこに宗教のジャンルはないいんですよ。スポーツとかニュース、経済、文化のジャンルはあるのに、宗教のジャンルがないんですね。国策レベルだけでなく、マスコミも庶民も含めて、なにか宗教というだけでオミットしている感じがします。これはとても異常なことだと思いますよ。

植島　ヤフーですか、利典さんは、お坊さんにしては珍しく、ミクシィもやっているんですよね（笑）。

大斎原の鳥瞰写真（上）と、旧本宮大社絵図（下）

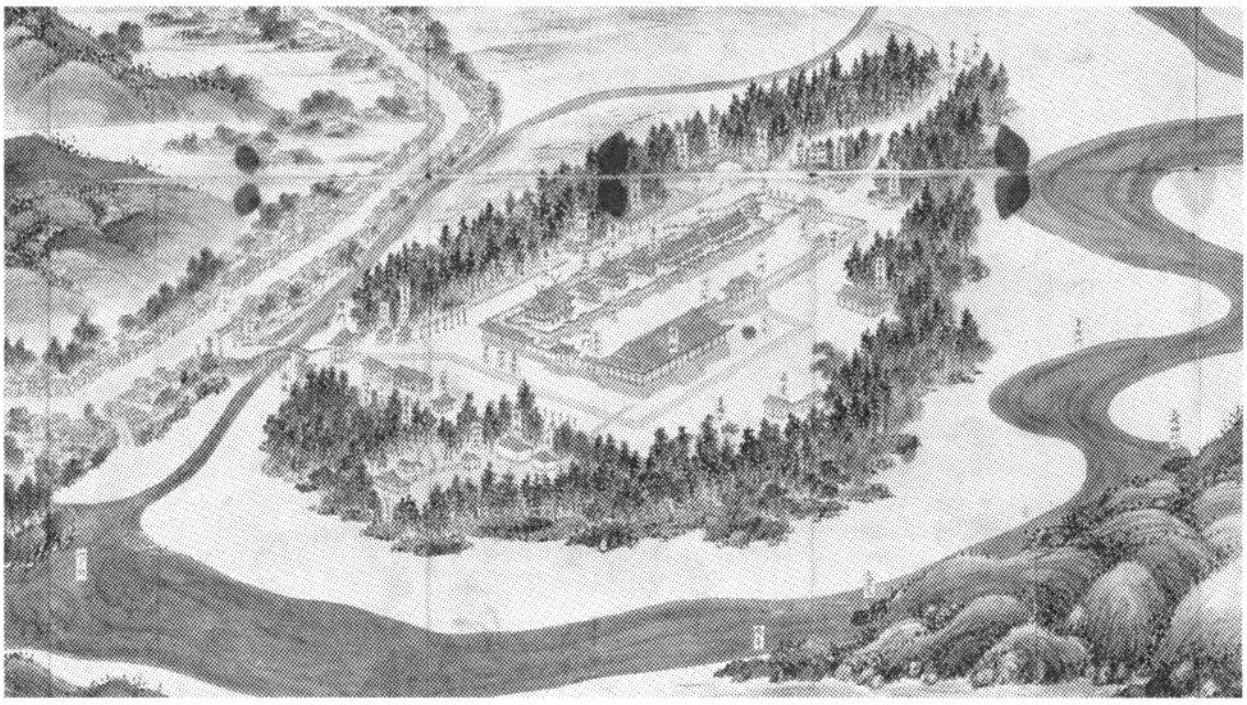

田中　はい。今日、ここに来ている仲間もいます。
植島　宮司、どうでしょう、ミクシィとか。
九鬼　私はそういうのは苦手です。
植島　大斎原のお話をお聞きかせください。前頁の大斎原の写真、これは宮司からお借りしたんですが、上方は航空写真です。おわかりになりますか。森が菱形みたいにこんもりと繋っているのが大斎原です。下の絵図では左右が逆になっていますね。
九鬼　上の航空写真ですが、上方の川が熊野川で、下の絵図では、右手の方が同じく熊野川、これは江戸時代、当時の様相を描いた絵図です。だからこの上がちょうど熊野川、ちょっと見づらいと思いますが、音無川と岩田川という三つの川のちょうど中州にこの大斎原という場所があったわけです。
植島　本来、熊野本宮はここにあったわけですね。
九鬼　そうですね。明治二二年（一八八九）までこの場所に境内地があって、その場所にご社殿が建っていました。

植島　ということは、洪水で流されて以来、今の場所に移転してから、たかだか一〇〇年ぐらいなんですね。

九鬼　そうです、あと二、三年で一二〇年になりますが、明治二二年に水害を被って、かつてご社殿は上四社、中四社、下四社とありましたが、上四社の三社殿だけ——中心の熊野の親神のお社だけはどうにか残りましたので、明治二四年に現在の場所に遷座したんです。水害といいましても、この奥がすぐ奈良県ですが、明治当時の施策で吉野の山々が伐採され、その後に長雨が続き土石流が発生してここのご社殿が被災して、結局、ここから西方向、山手の方に新たな境内地が設けられて現在に至っているわけです。

植島　ということは、人災ですね。

九鬼　そうですね。結局、人が自然の畏れを知らず、森林の伐採を大規模に行ったために、地盤の保水力がなくなり、自然が怒った、神が怒ったというか、そういう状況でこの時にご社殿も被災して、多くの命も亡くなった記録があります。この場所は、先ほど申し上げた世界遺産のいわば中心的な場所なんですが、歴史上そういう悲劇もあったわけです。熊野を訪れた時にはこの場所にもかならず足を運んでいただきたく思います。

植島　利典さんもかならず行きますか？

田中　私も奥駈には十数度参加しましたが、実弟が住職をしている大峯山の東南院という寺の奥駈は、備崎《そなえざき》まで歩きまして、川を渡り、大斎原へ参拝してから本宮へ行きますので何度も訪れています。他の修験の寺は、前鬼《ぜんき》からバスで来るので、なかなか大斎原までは行かないでしょう。

ここで、ちょっと意地悪なことを聞いてよろしいでしょうか。

植島先生の著作に『聖地の想像力』という本がありますね。その中に聖地の条件の第いちばん目が、「聖地は一センチたりとも動かない」というのがありますね。

植島　ええ、そのとおりです。かつて大学院生だった頃、中近東のテル・ゼロールという遺跡の調査分析をやったことがあるのですが、そこの発掘記録を見ると、何千年もの地層が堆積しているのですが、しかしそのあいだ聖地の場所だけはほとんど動いていなかったんです。バビロニアとかアッシリアとかアッカドとか、支配的な王朝や信じる宗教は変わっても、聖地の場所だけは変わらない。そうした例は枚挙に暇がありません。

田中 でも、ここは動いたんですよね。水害で。

植島 だから、こちらの大斎原が聖地なんですよ。

田中 それは九鬼さんの前でいっていいんですかね（笑）。

植島 私はそうだと思います。だから、熊野本宮は大斎原に戻るべきだと思っているんですが。

田中 でも、今戻すとまた土石流が起こるかもしれませんね。

植島 残念ながらダムができちゃいましたからね。

田中 ただ、たしかに、今の社殿の場所よりも、「場の力」はこちらの方が強い気がしますね。

植島　いやもう圧倒的ではないでしょうか。

田中　これは行けばわかると思います。

植島　いらっしゃっていただきたいのですが、本宮の参拝者でも行かない方がほとんどです。実際、そこには何もないんです。ただ気配だけで。

九鬼　何もないというわけではありません。祠はあるんですよ。

現在のご社殿にお祀りできない御霊はこちらに合祀しております。今お話があったように、また大斎原にご社殿を復興したらいいという話も、たしかにいろいろな方からよく承りますが、自然の流れで、川の中州にあった本宮は流されてしまい、山の中腹に移築してご社殿を構えた。現在の場所はこの場所で大きな意味合いがあります。

元来、大斎原は地図でおわかりのとおり「子宮」の形をしている。江戸時代の絵図では、熊野川と音無川と岩田川の三つの川がグルグルこの島を囲んでいたわけで

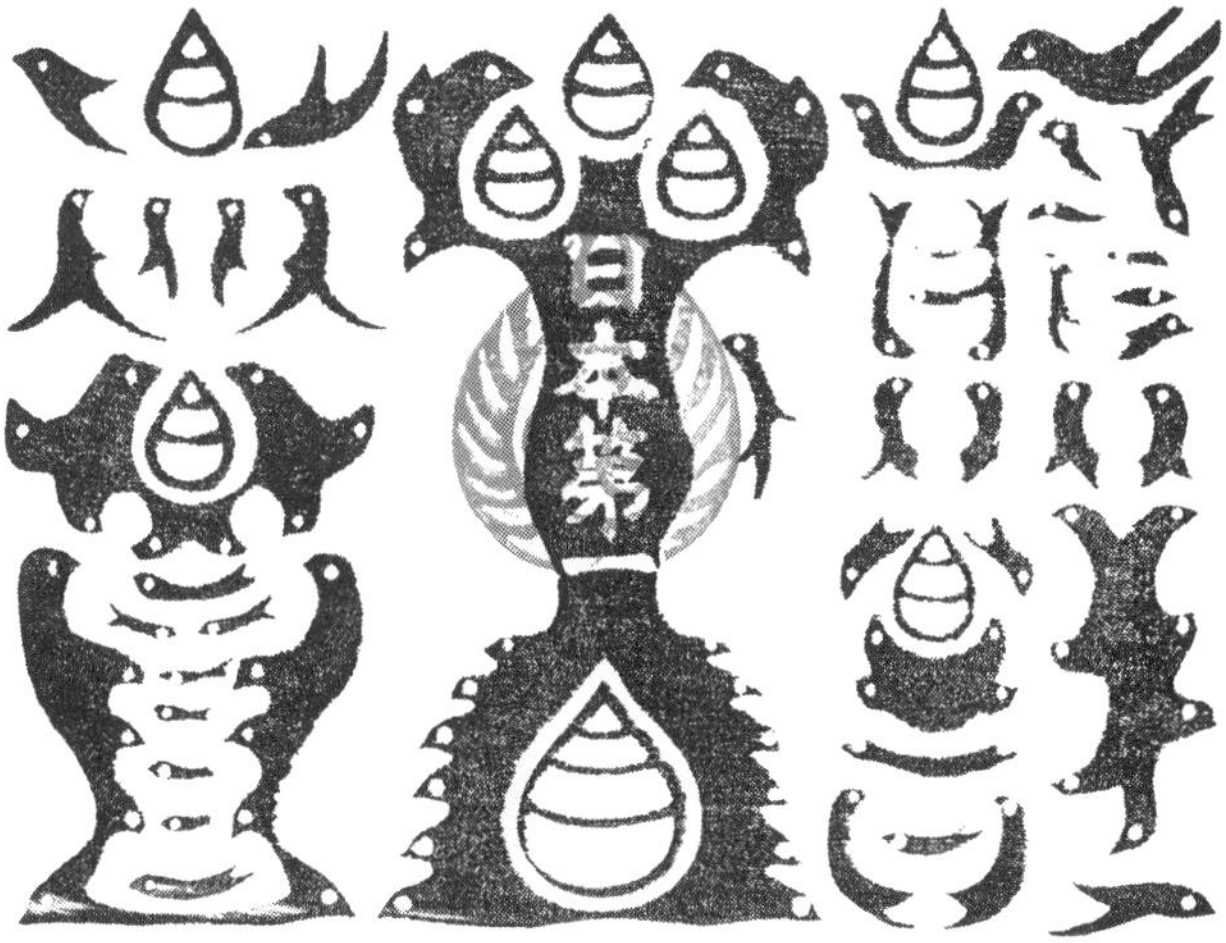

熊野牛王宝印八咫烏の護符

大斎原で御霊を合祀している祠

す。そして絵の中には、必ず産田社が描かれていた。

平安・鎌倉時代の「蟻の熊野詣」といわれていた時代の人々や、濡草鞋《ぬれわらじ》の入堂といわれ本宮参詣の際には、備崎から大斎原に詣でた。

備崎というのは下の絵図の手前の岩みたいな山のことですが、ここを下りて、否が応でも川を渡らないといけなかったんです。現在は上の写真を見ていただくと、国道沿いから歩いて川に浸からずに階段をのぼって入って行けますが、平安・鎌倉時代は川岸から否が応でも水に浸かり体を清めて入ることになります。

植島　神社では最初に手を洗いますけれど、あれができたのはたかだか一〇〇年ぐらい前のことで、いわゆる禊の簡略形ですね。かつては大斎原に詣でる前に、だれもが川に浸からざるをえなかったのです。

九鬼　川で禊ぎをするのも、結局は清めるという思いなんですね、これからお参りの場所に臨む前の。

熊野の大斎原まで来た時に、その時点で自分をリセットする。この熊野の證誠殿の御前で、今まで自分が実世界にいた時のいろいろなイヤな思い、またいろいろな人に対する不信感とか自分に自信が持てないとか、そういう思いの人がここでいったん過去を断ち切り、これからいざ別の世界に入るんだという行為です。そこで手を合わせることによって、自分をリセットして、再三いいますが、スサノオの本来の力は「よみがえり＝再生」という信仰ですので、ここで自分を甦らせ、また実世界に帰っていくというわけです。

植島　伊勢神宮の五十鈴川もそうですが、川での禊《みそぎ》の行為があって初めて聖域に入ることができるわけですね。利典さんはどうですか。

田中　私は五歳から大峯山山上ヶ岳に父に連れられて行きましたが、子どもの頃は、九鬼さんの先祖が統治された京都府の綾部というところに住んでいました。だから九鬼さんは元領主様なんですね（笑）。その綾部で大峯の山上参りに行くのに、昔は必ず家の前の川で水垢離をして穢れをおとしてから、山に入って行きましたが、そういう聖なるものに入る前の心構えというか、通過儀礼は非常に大事だったと思います。

植島　今でもそれをすべて自分の身体で行っているのが修験ですね。

田中　自分の身体で行うところにたいへん意味があるんですね。

植島　今日はあまり高野山の話が出ていません。熊野、吉野・大峯と高野山の関係は一体どうなのかお聞きしたいんですが、利典さん、いかがですか？

田中　日本の今の文化体系、学問体系が少し間違っていることを、いろんな機会に話しますが、実は熊野本宮や高野山の信仰を広げるのは、高野山のお坊さんや熊野の神職さん自身ではないんですよ。

高野山では、高野聖《こうやひじり》や行人方《ぎょうにんがた》という修験のような活動をした人ですし、熊野では熊野比丘《びく》・比丘尼《びくに》といわれるような、庶民の中に入って行って霊地のご利益というか、ありがたさを説いて回った人たちがいました。庶民の心の中に伝える・生きるということは常にそうなんですよね。

そういうある種、猥雑と思える口伝《くちづて》に支えられて千年を超えていろんなものが続けられてきたんですが、明治からこっちはそういうものが無くなり、なにか非常に教理的なもの、学問的なもので理解しようとするようになった。だから本当のものが見えていない、見落とされている気がします。最近、高野山にしても、行人方がやってきたような活動にもう一度目を向けてみようという志向がありますし、山伏のやっている大護摩なんて一時は誰もやらなかったのに、今は全国各地で大護摩を焚いている。庶民が願うのはそういうことなんだと、少し目が向けられてきたのかなという気がします。

それと、吉野と高野山の関係で非常に面白い話がありまして、後醍醐天皇は実は高野山に行きたかったんですが、高野山に断られるんです。それで吉野に来て、結果、吉野は足利方から改められてひどい目に遭うのですが、そのことが今となっては吉野の歴史性を高めているというか、印象づける結果にはなっています。

植島　たしかに、高野山や比叡山は比較的、権力に対する執着が強いところですし、ある種の排他性も感じられますね。

田中　私はことさら高野山を敵に回したくないので、あまり悪口はいいたくありません（笑）。

「紀伊山地の霊場と参詣道」は、単に熊野がすばらしいから世界遺産になったわけでも、高野がすばらしいからなったわけでも、そして吉野がすばらしいからなったわけでもないと私は思っています。つまり、あの紀伊半島全体の大自然の中に、それぞれ違う宗教、違う聖地性をもったものが混在していて、それが道でつながって、千年単位で日本人の心を癒してきた、信仰心を培ってきたことが素晴らしいのです。

植島　まさに神道・修験道・仏教（真言密教）の融合ですね。

田中　その三つの異なる宗教文化が道によってつながった。だって、伊勢神宮と熊野本宮は同じ神道とはいえ、全然違う宗教ですよね。あるいは那智大社には、並びに青岸渡寺があったりする、いわゆる観音浄土なわけです。それを伊勢路として歩いて、日本人は何も不思議に思わないわけですが、外国人にはこんな不思議なことはない。異なる宗教の拠点を道で結んでどうするんだという話になりますからね。

でも、日本人は違うんです。それが明治より前から続いてきた日本の素朴でおおらかな信仰心を育んだものだと思いますし、そういうものを取り戻すことにはたいへん意味があると思います。

世界遺産登録についてもうちょっといわせていただくと、私は手を挙げるタイミングがよかったんです。二〇〇一年九月一一日の同時多発テロ以前だったら、異なる宗教の融合という状況にピンとこず、相手にされなかったかもしれません。しかし、ヨーロッパ社会もどうもグローバリゼーションが怪しくて、黒か白かで決めつけると結局は争いの種を生むだけであり、多様なものを認めないと、もう共存共栄していけないのではないかという、世界の大きな流れが生じたと思うんです。

そんな中で、日本人の多様性を育んでいる紀伊半島の地域性が、日本だけの宝物ではなくて世界の宝物として認めてもいいのではないか、という気運があって、満場一致で世界遺産に登録されたのだと思っています。

そこに気がついていただかないと、この地のなにが世界遺産として特異なのかがよくわからない。「紀伊山地の霊場と参詣道」というのは、世界遺産の中でもある意味、いちばん理解しがたい場所なんですよ。

でも実はその表面的なわかりにくさに深い意味があって、だから高野山にも行って欲しいし、吉野にも来ていただきたいし、熊野にも行っていただいて、これが日本人が歴史を超えてもち続けてきたものなんだと気づくと、これはもうすごい世界遺産だなということになるわけです。

植島　九鬼さん、伊勢神宮が世界遺産に登録されることはないのでしょうか。

九鬼　伊勢神宮の場合は、ひとつの遺産になってしまうと、ユネスコの規約に縛られて身動きできなくなってしまうという懸念があったのではないでしょうか。

みなさんもご存知のように、皇室の先祖の御霊を祀り、日本人の総氏神を祀る中心という地であることより、私としましては、伊勢の神宮は世界遺産登録という概念の外にある存在であると思います。

植島　伊勢と宇佐は、やはり特別な場所として認識されていますからね。

田中　ええ、江戸時代のお伊勢さん、庶民がお伊勢参りをしていた時代はそうではなかった気がするんですけどね。

三重県がいちばん苦労しているのはそこなんです。三重県の世界遺産には核がないんですよ。伊勢路という、全部がつながってもいないズタズタに途切れている道の中で意味を見いだすところに難しさがあってね。でも、だからこそ意義深いシンポジウムを催せるわけです。奈良県と和歌山県はこういった面白い企画ってやっていないんですよね。むしろ、こうして世界遺産の核心を探し続けているところに私は敬服して、まあ自分のポリシーに反して熊野古道のシンポに六回も出ている次第です（笑）。

植島　かつての伊勢神宮と熊野大社がどういう関係にあったのかを知るための興味

深い資料があります。いわゆる「長寛勘文《ちょうかんかんもん》」なんですが、平安後期ぐらいから。八代庄《やつしろしょう》の課税権をめぐって、訴訟沙汰になって、熊野と伊勢が同体か否かという神学論争にまで発展した事件です。その経緯を簡単に述べると、甲斐国守である藤原顕時が八代庄という地を荘園として熊野社に寄進したことに端を発しています。

ところが、次の国守藤原忠重がその地を横領し、熊野から荘園を管理するために派遣されていた神人を捕らえたうえでひどく痛めつけたのです。これは明らかに忠重のやりすぎで、熊野側の訴えで訴訟が起こりました。そして、たちまち忠重の所業が断罪されることになったのですが、もし熊野と伊勢が同体ならば忠重は国に対する叛逆の罪で絞首刑に処せられることになるが、同体でなければ流罪ですまされるという判断が下されたわけです。

この事件によって、それから後は、伊勢と熊野は明確に区別されるようになり、次第に伊勢の人気が高まっていくとともに、熊野古道もついには伊勢路から紀伊路へとその主な人の流れは変わっていったのです。

ただ、もともと庶民の信仰では、伊勢あっての熊野、熊野あっての伊勢と思われていたこともたしかで、そうした背景を勘案することも重要なことだと思います。

九鬼　たしかにそのとおりですね。

植島　また、これは高野山文書なんですが、一四世紀の出来事として、高野山と熊野が争った例もあります。

高野山側は、高野山は「鎮国安民の道場、高祖明神常住の霊崛」であるのに対して、熊野は「他国降臨の神体、男女猥雑の瑞籬」と非難している（高野山文書、一三七二年）。すなわち、高野山は、国を鎮《しず》め民を安らかにする道場で、熊野は、外国から来臨《らいりん》した神を祀っており、境内には男女が入り乱れているというのです。

こういうふうに文書が残っているんですが、いかがですか？

九鬼　私の理解はちょっと違います。

やはり熊野は何もかも受け入れるという根底がありますので、だから一遍上人時代の熊野大神のご神託にもあるとおり、「信、不信を問わず、浄、不浄を嫌わず」

なのです。熊野は、神社の境内に神職もおれば住職もいる。そして修験道の方々が護摩を焚いたり、陰陽道の方々も占い師らも境内にいましたからね。だから、どんな人々が詣でて来ても、今でいうマーケティングがしっかりしていて、人々を受け入れる態勢を整えていたのではないかと思います。

田中　明治の神仏分離は、仏教がひどい目に遭った話ばかり出ますが、実は神道もひどい目に遭うんですよ。古神道は特にひどい目に遭う。たとえば、島崎藤村のお父さんは古神道の神職だったのですが、明治になって良い国になると思ったら、鎮守の森の破壊だの、村の神社の合祀だの、古神道の復活どころか、とんでもないことが次々に起こって、それを苦にとうとう自殺してしまった話さえあるほどです。

和歌山県では南方熊楠《みなかたくまぐす》が土地の生態系が壊されるのに抵抗し、合祀に反対して鎮守の杜を守ろうと運動したのも、和歌山県がいちばんひどい状態だったからです。古い神社がひどい目に遭ったというのは、国の政策でそうなったことで、神社側が率先してやった話ではないんです。

ただ、その施策の中核に据えられたのが伊勢神宮であることは間違いない。そして伊勢神宮自体がどう思っているかは別にして、そのあたりに日本の不幸があり、宗教を難しくしているのだと思います。

植島　簡単にまとめてみると、明治維新というのは、要するに西欧諸国がみんな一神教だから、日本も一神教にしてわれわれも文明国だといいたかったわけです。国家神道もその流れですし、その願望がこの一〇〇年間、尾を引いて、最近では靖國問題などにも影響しているわけです。

ですけど、日本が近代化していく過程で、世俗的な力が宗教の中に手を突っ込んできたことがいちばん大きな間違いですね。神社側でも喜んで一緒にやった人もいるかもしれないけど、熊野は一貫して正反対の立場を維持してきたわけじゃないですか。みんなが熊野に魅かれるのもそこに理由があるように思えるんですが。

九鬼　それはまた意味合いが違うと思いますが、ただ靖國神社の意志が伝わりがたいことも確かにありましたし、一部の報道を見た方々がそれを鵜呑みにしてしまう状況には恐ろしさを感じます。

田中　昔から、あまり神社が布教するのを見たことがありませんね。お坊さんは布教する布教坊主というのがいますけど。今まで神社界ではシステムの中であまり布教することがなかったと思うので、実現も難しいのでしょうけれども、日本人はもう少し神道のことを勉強した方がいいと思いますよ。だから神社側からお話をしていただくのは、ありがたいことです。

植島　外国に行くとすぐ「神道とは何か？」と聞かれるのですが、まず普通に日本人でこの質問を外国人にされて答えられる人はいないだろうと思います。それぐらい神道はややこしいものになっていますし、基本的に神道も行《ぎょう》というか儀礼が中心で、あまり論理的な教義の体系がありませんから、そういう意味では非常に外国人にはわかりにくいところがあるのではないかと思います。

九鬼　神道は、体感しながら自然の中に神を見るという原始信仰が始まりです。熊野三山、高野山、金峯山もそうですが、紀伊半島の霊地には、そのような混合したものがあって、それを形成したのは人ですからね。自然が先にありきで、人々がそこに神仏を見るという、紀伊半島の高野、吉野の地形的なものに当時の人々が非常に高い意識を持って、胎蔵界、金剛界など自然の中に体系を作ってきたのが、今日まで継承されていると思います。

植島　おっしゃるとおりだと思います。

利典さん、修験道の定義について、よく「日本古来の山岳信仰に、神道さらには仏教だとか、道教、儒教、陰陽道などの影響が加わってできた」とあります。これってどうかと僕は思っているのです。つまり、学者が後からいろいろな概念をくっつけて説明しようとするとこうなるわけです。それに対して利典さんが作家の加門七海さんからのインタビューに、「修験の中にある多様で猥雑なものこそが、日本の仏教なり、日本の宗教を醸し出してきた源流ではないか」と、こうひっくり返されました。すばらしい表現ですね。これは僕もまったく同感です。

田中　私たち日本人が持ち続けてきた価値観が、どうも明治以降、少し歪められてきたようです。よくお話するのですが、子どもが生まれれば宮参りをして、盆や彼岸には墓参りをして、お正月には神社仏閣に行って、キリスト教教会で結婚式をして、クリスマスにはイエス・キリストの誕生祝いまでする。そして家族が死んだら、たいがいお坊さんを呼んで葬式をする。生まれてから死ぬまで、しかも年中そんなことをしながら、

「宗教は何ですか」と真正面から質問されると、今の日本人の七〜八割は「無宗教です。無信心です」と答えます。本当に無宗教ならそんなことしないですよ。でも、日本人はするんです。で、尋ねれば無宗教だと。おかしいでしょ。

植島　たしかに。

田中　私たちには明治以降、キリスト教的な、欧米型の文化が優等で、日本が元々もち続けてきた文化が優等でないという価値観の刷り込みがどこかであったのではないかということです。

つまり、キリスト教やイスラム教のような一神教から見ると、そんな無節操なこ

とをするのは無宗教なんです。あれも拝む、これも拝む、そんな無節操なことをするのは無信心なんです。信仰に真摯であれば、ひとつの神しか拝まないわけです。アラーの神しか拝まないわけです。

でも、日本人はそうではない。それを彼らと同じような価値観でものを見始めたことに問題があって、さらにいえば、人間というのはそんなに合理的でも原理的でもなくて猥雑な生き物です。僕だって陰に回れば何をしているかわからないという話です（笑）。でも、その猥雑さの中に真実があるわけですから、そこをきちっと見ていかないと、固有の文化も風土も見えてこない。

修験道の一般な定義も、民俗学者がなさった定義です。しかし実際は理路整然としたものではない、もっと違う、庶民の生活に寄り添ったようなものが、本来の修験道の形であったろうと思います。熊野信仰にしたって、そうだと思います。熊野信仰を広げた熊野比丘・比丘尼たちというのは、熊野権現のありがたさを庶民の中に説いて広めていったから各地に熊野神社が勧請されて、たくさんの熊野神社ができたんです。そういう口伝が実は日本人の信仰を養ってきたというか、支えてきたのです。そういう土壌を見つめないで、一過性の無責任なスピリチュアルブームに乗っかっていると、大きな落とし穴に落ちてしまうのではないでしょうか。

九鬼　熊野は、日本のこういう時代の中で、大袈裟にいえば「心の止まり木」にしたいんですよ、心を癒すための。心を教育するだけではなくて、利典さんがおっしゃったように、ひとつの習慣ですね。教育ではなくて習慣を常にもっていると、おのずから自分というものを見つめ直し、いろんなところで自分の今まで見えなかったものが出てくるのではないかと思います。そういうことで、熊野は皆さんの「心の止まり木」であり、いつでも待っていますよ、また帰ってきてくださいよというような気持ちでいたいと思います。

植島　お二人は今回、初対面なんですよね。ものすごく親しそうに見えますが。

田中　九鬼さんは京都綾部藩 元領主様の子孫ですから（笑）。

植島　ちょっと乱暴なこともお話ししましたが、言い足りないことがありますか。

田中　先日亡くなった河合隼雄元文化庁長官が、あるシンポジウムで「紀伊山地の霊場と参詣道」を外国人に説明するのはたいへん難しいとおっしゃいました。なぜ難しいかというと、日本人が那智大社の大滝を拝むのを見て、外国人は何を拝んでいるのかと尋ねます。水を拝んでいるのか、水は流れて行くとしまいには川になって海に行くけど、どこまで拝むのかと聞きます。でも、日本人は単に水を拝んでいるわけでではない。漠々として流れるあの水の勢い、自然の力、それに対して非常に神々しい、自分を超えたサムシング グレートを感じて拝むわけですね。

河合さんは「それが日本人の心だ」とおっしゃいました。私は「心」ではちょっと言い足りなくて、これは「霊性、スピリッツ」だと思っています。もちろん外国人にもないわけではありませんが、自然との関わり方が欧米社会は下手で、日本人ほど豊かな自然との深い関わり方を長い歴史の中で育んでこなかったわけです。そこに非常に大きな違いを感ずるのです。那智の大滝を見て拝む、その霊性を日本人をもっと大事にして欲しいと思います。

神と仏はどう違うか

植島　さて、「神と仏の違い」について話し合いたいのですが、海外に行くと、日本人はたいてい

「あなたは神道ですか、仏教ですか、どちらを信仰していますか？」と聞かれることが多いのですが、その質問についてどうお考えかをまずお聞きします。まず、田中利典さんは専門家ですね。

田中　私の所属する修験道という宗教は、神と仏の間に位置するところから来ております。ですので、日本人はまさに神と仏の間を分け隔てなく渡り歩いてきた民族だという点を強調したいと考えます。「どちらなんだ」という質問は、たぶん一神

教の人たちがしてくるんだと思いますね。
日本人同士ではめったに聞かない。つまりひとつの宗教を信じている、ひとつであるべきといった価値観をもった人の見地から飛び出してくる質問で、日本人にとっては、神と仏が家の中に一緒にあっても何もおかしくない、不自然でない状態に永く馴染んできたわけですからね。だから、本来は愚問なんです。しかし、「どちらなんだ」という問いに答えられないと何か近代人として失格であるような錯覚があって、だんだん自信がなくなってきて、各人がボショボショと理由づけしているんだと思います。ですから、堂々と「神も仏も信じています」といえばいいと思うんですよ。いかがでしょう。

植島　そのとおりだと思いますが、九鬼さんはいかがですか。

九鬼　私も神と仏は一緒だと思っています。
本来、日本人が持っている、精神的なDNAに脈々と刻まれているわけです。ご自宅でも、仏壇と神棚がきちっとお祀りされていたのが日本人の本来の風習でした。

よき日本であった時期だと思います。今は核家族化が進んで、マンションに神棚と仏壇を揃えるのは、少なくなっているとは思いますが。

簡潔に申し上げれば、熊野では、神が父であり、仏が母であるというように、つまり、神が導き、仏がそれを大きく受けとめて、いわば慈しみをもって支えると私は解釈をしております。

これにはいろんな反論があるかもわかりません。今の日本では、神道、仏教だけではなく、仏教にもさまざまな宗派がありますので意見が分かれると思います。それ以外にキリスト教、イスラム教、いろんな宗教がこの狭い島国の中でいろんな形で根づいているわけですので、考え方の違いが出てくるのかもしれません。

しかし、本来の日本人には、世界を見回してもまれに見る、すばらしい無限に寛容な気持ちが心の中にあると実感しております。

植島　いわゆる神仏混淆とか神仏習合ですね。数例を挙げますと、八世紀にすでに大分の宇佐八幡宮の託宣で、奈良東大寺の大仏建立が行われたとか、奈良の天河大辨財天社は、その名のとおり神社なのに、高野山のお坊さんが来て般若心経を唱えています。そういう例はたくさんあるんです。そういうように神道と仏教は分け隔てなく結びついて日本の歴史を動かしてきたわけです。

弘法大師が開いた高野山を支えているいちばんの核心に女性の神様（丹生都比売《にうつひめ》）がいる。われわれの中では、仏教と神道は違う宗教と思いがちなんですが、歴史の中で仏教と神道は絡み合って生きてきたんだと思うんです。

そのいちばん典型的な例がこの紀伊半島に見いだせる。一遍上人がそうですね。先ほどのお話にありましたが、九鬼宮司、どうですか、一遍上人は熊野に来て悟るんですよね。

九鬼　そうですね。ご存知の方が多いと思いますが、一遍上人は四国伊予の出身です。熊野本宮の中央に證誠殿というお社、建物があるんですが、一遍上人はそこで参籠《さんろう》して熊野大神のご神託を得て、全国を念仏踊りで行脚しながら熊野信仰を広めてきました。

「信、不信問わず、浄、不浄を嫌わず、いっさい宗旨をもって南無阿弥陀仏の札を配るべし」という夢の中でのご神言をいただいて、全国を行脚したと伝えられています。

この一遍と熊野には深い関わりがありまして、一遍上人が開いた時宗は現在七四世でございますが、上人は新しく替わるたびに歴代、神奈川県藤沢市の遊行寺で一〇日以内に晋山式をおこない、そして熊野證誠殿においでになって、また一〇日以内に、念仏踊りの奉告式をするという慣習が現在も続いております。時宗総本山の遊行寺のほうは「清浄光寺」というのが正式な名称でございますが、藤沢市のお寺のほうでは、熊野さんを勧請して境内の本堂に熊野さんをお祀りしております。

熊野本宮の場合は、この「南無阿弥陀仏」という碑を、かつて大社の建っていた大斎原の敷地の中央に、上人を讃えることによって後世に時宗との関わりを残していこうと、昭和四六年（一九七一）に碑を建てました。熊野比丘尼であったり、いろんな形で熊野信仰は広められてきました。その中でも時宗の一遍上人が独自の切り口で大きく広めたと考えます。
　また、本宮の近くにある湯峯温泉には小栗判官と照手姫の伝承もございます。この小栗判官は時宗の僧侶に助けられて、瀕死の体を癒すために藤沢・相模原から熊野まで来て湯垢離をします。そして熊野の湯峯で再生したそうです。熊野にはそういう語り伝えが多数ございます。一遍上人しかり、小栗判官と照手姫は伝承でございますが、熊野＝再生、甦りという御利益が定着したきっかけでもあったと思います。

植島　利典さん、一遍上人が一二世紀か一三世紀ぐらいの時代に、熊野にそれほどまで強い憧れを抱いたということについて、どう考えられますか？

田中　一遍上人については詳しく知りませんが、たぶん神が開くというか、上人のような霊的な力がたいへん強い人は、熊野に呼ばれるんでしょうね。

小栗判官が湯垢離した湯峯のつぼ湯

「呼ばれる」っていうんですね。「神仏に呼ばれる」というんですよ。一遍さんもそこで受けたわけですから、仏教的にいうと一種の「お悟り」でしょうし、新しい何か信仰的なひらめきが生まれたんでしょうね。

それよりも面白いのは、熊野という地ですね。日本人は神さんの名前とか仏さんの名前とか、そういうことはどっちでもいいんですよね。ところがキリスト教ですと、大事なんですね。聖ペテロの遺体の上に聖ペテロ大聖堂があって、そこに誰がいるというのが大事なんですが、たぶん熊野三山の主神が誰なのかということはあまり知らずにお参りにきているのではないかと思います。

主神が誰かよりも、熊野の地、熊野本宮大社に行くことが、そこに行くことが大事で、たぶん一遍さんも、別にここの神さんに会いに行ったわけでも、祀神のスサノオの神さんに会いに行ったわけでもなくて、あの地に足を運んだから開眼したんだろうと思います。そういう場所なんだと思います。

植島　おっしゃるとおりだと思いますね。今、利典さんから今日の全体の展望をいっていただいたようなものなんですが、「なぜ熊野なのか、なぜ熊野という場所がそれほど魅力的なのか？」という話からちょっと入っていきたいんですけど、もうひとつ先に、熊野の神様っていったい何なのか。たとえば伊勢神宮は天照大神を祀っている。出雲大社は大国主命を祀っているという言い方をしますが、「じゃあ、熊野は？」と聞かれた時に、パッと答えられる人が本当に少ないんですね。

「熊野の神様は一体誰なの？」

とよく質問されますが、それについてあとで九鬼宮司からこれはこうだと説明していただきたいと思います。


最初に熊野という場所の魅力ですが、なぜ熊野じゃなきゃいけないのか、なぜ熊野にみんな集まるのかということからちょっと入っていきたいんですけど、湯峯温泉で湯垢離する話がありましたが、本宮としても正式に、禊《みそぎ》、祓《はら》いみたいな形で使われる場として意識してお

られるんですか？

九鬼　そうですね。江戸時代までは、湯峯温泉全域も、熊野の本宮大社の境内地、神社の温泉でもあったわけです。神職は、また神社の総代さんとかお祭りに係わる人々は必ずその温泉の湯で潔斎《けっさい》、湯垢離をして、神社の境内に入って神事、祭事をしていました。

植島　全部が、熊野本宮の敷地だったんですか？

九鬼　そうなんですよ。しかしそれも江戸時代までで、明治に入ってからは、日本の近代化という流れの中で、政策によって没収された形で分かれたわけです。

しかし今も、本宮は四月に春の大祭がございまして、四月一三、一四、一五日の三日間がお祭りですが、湯垢離の慣習が現在も続いています。われわれ神職も、総代さんも、お祭りに係わる人々は、一三日に湯峯温泉に行って、湯垢離をしてからお祭りが始めるという習わしが今も残っています。

植島　『更級日記《さらしなにっき》』を読むと、やはり石山詣での時に、湯屋に下りてからお堂に上るという言葉が出てきますね。つまり、「湯屋に下りて」ということは、お風呂に入る、温泉に入るんですね。それからお堂に入る手順が書かれているんです。これは石山寺だけではなくて、長谷寺でもまったく同じだし、それから和泉式部が貴船《きぶね》詣をする時も、やはり同じように温泉に入ってからなんですね。宗教と温泉というのは切り離せないものなんですか。

九鬼　熊野権現《ゆやごんげん》といいますから。北海道から関東にかけて、たとえば伊豆、熱海温泉の源泉に行くと、箱根もそうですが、熊野さんがお祀りしてあります。熊野という字を「ゆや」と読んでいます。

本宮の場合は、今申し上げたように、必ずお湯に入ります。冷たい水に入るより、お湯のほうが温かくていいなという下世話な話になりますが、実際には必ず湯に入って潔斎をしています。

たとえば、本宮の場合はお祭りの時に、稚児さんが出まして、スサノオの御霊が稚児に還るという湯登神事《ゆのぼりしんじ》があります。二つ、三つの男の子は熊野さんの申し子ということで、湯垢離したあと地べたに足を付けさせないんです。お祭りの時も必ず薄縁《うすべり》を敷いて、その上で舞いをさせたりするわけです。

家に帰ってからも家から出さないんです。昭和四〇年ぐらいまでは出さなかったんですが、そのあとだんだん時代が変わってきて、もうそこまでは拘束できなくなって、結局今はあきらめて、子供たちも次のお祭りまでの間、外で遊んだりしています。本来は湯垢離したあとは熊野さんの申し子ということで、家の中でじっと、次のお祭りまでの間は待機していてもらうという慣習を通していた時代もありました。

植島　吉野はどうですか？　そういう慣習はあまり聞かないですけど。

田中　聞かないですね。

植島　十津川から南ですよね。温泉が集中しているのは。でも、だいたい日本の中で聖地、僕も先月に下北半島とか遠野とかに行きましたけど、聖地というとだいたい温泉との結びつきが強く、温泉好きな人にはたまらないと思うんですけど、温泉と聖地と鉱物資源ですね。鉱山跡みたいなものとの分布が必ず同じになっている気がするんです。熊野なんかはその典型ですけど。吉野からすると、あまりそういうような要素は見られない？

田中　そうですね。吉野にも鉱脈としては丹生川上《にうかわかみ》神社など銀の存在が古くから知られています。温泉もいくつかありますが、そう由緒正しいわけではないようです。日本ですから、掘ればまあどこからでも温泉が出てくるわけですからね。湯峯温泉など歴史的な温泉地は湯量も豊富でしょうが、吉野の温泉は少し違いますね。

植島　吉野は桜ですね。

よく考えると、熊野と吉野とは正反対のところがありますね。つまり、「熊野」と「吉野」は対になっている言葉なんですか？　そういうわけでもない？

田中　吉野熊野国立公園の認定では対になっていますし、世界遺産にしてもそうですね。『聖地をつなぐ道』でも申し上げましたが、和歌山が先発隊で熊野古道と高野山を登録しようという活動がありました。それを私は全然知らなくて、吉野大峯を世界遺産にしようと手を挙げたら、結局、吉野と熊野がつながって、「紀伊山地の霊場と参詣道」という概念ができたのです。組み合わさることによって大きい意味を生んだのは間違いないと思います。世界遺産に特記したことではなくて、あの地域の中で、熊野と吉野という大きい山脈を挟んで入口と出口というか、北と南ですね。両極にものすごい仏閣と神社があって、で、西側には高野山があって、東側にはお伊勢さんがある地帯なんです。

結論になってしまいますが、日本人がもち続けてきた宗教文化や、文化的営みのすべてがこの中に育まれているという意味で、すごい場所ですし、その代表が吉野・熊野ということになるのではないかと思うんです。

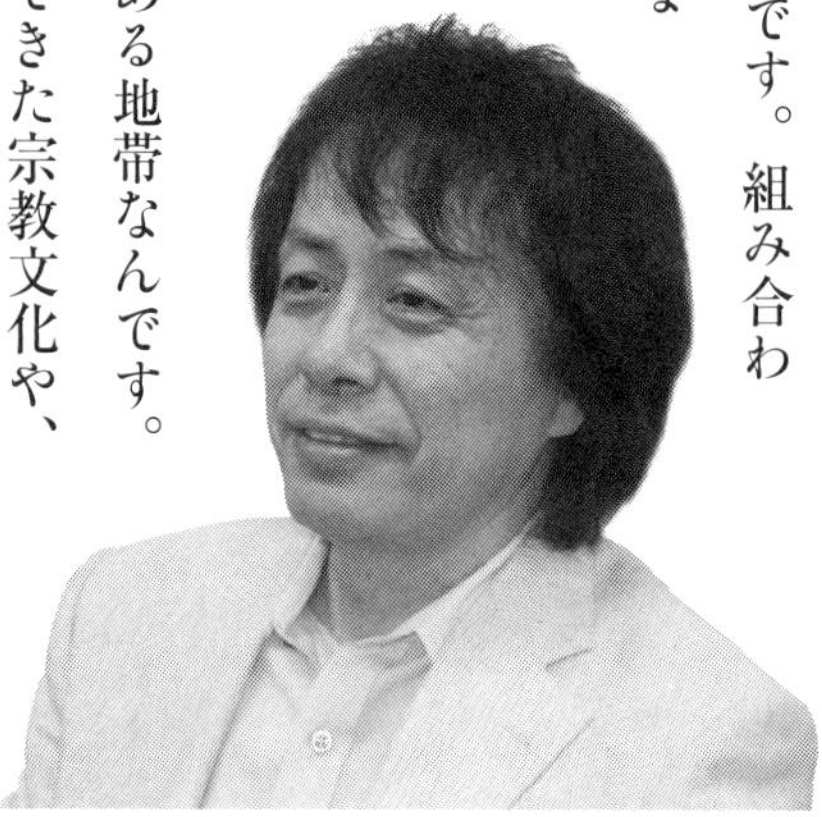

植島　さっき『更級日記』とか和泉式部とかいったのは、要するにあの当時でいちばん大事な、重要な行事は何かというと、やっぱり参籠《さんろう》ということだと思うんです

ね。参籠というのは、宗教学用語で「インキュベーションincubation」ですが、古代ギリシャでは、医学の神アスクレピオス神殿に籠って病気を治したりする、これが参籠なんです。インキュベーションという言葉を僕らは使っていますが、いわゆるお籠《こも》りです。このお籠りというのは、実は聖地のもっているいちばん重要な役割で、聖地とはそこへ行って籠る、そこへ行って眠り、何か神様のお告げを得る、そういう場であるというのが、いちばん根源的な役割だろうなと思うんです。

熊野本宮も、なぜ神秘的に人をずっと引きつけてきたかというと、教理や祀っている神々とかではなくて、人を呼び寄せる何か、先ほど利典さんもおっしゃっていましたけど、人を呼び寄せる何か見えない力があったんじゃないかという気がするんですけど。

九鬼　そうですね。私にもわかりません。熊野が世界遺産に登録されて五年目になりますが、参拝者も急激に増えました。普段は約七〇〇〇人の住む本宮の町に、正月三日に二七万人の参拝者が訪れます。なぜ多くなったかは、登録によって広く知れわたったからだけでなく、今の地球温暖化だったり、テレビなどメディアの報じる影響だったりなのか、世間の不安感が増幅して、精神的な拠り所を求めて熊野を訪れる方が増えたのか、いろいろ要因はあると思います。神社の近くに宿泊して、早朝にお参りしたり、気分を一新したいとさまざまな職種の方が来られます。有給休暇をとった社会人、学生の方も来られますが、二〇代前後の若い人たちが実に多い。熊野が今なお新たな視点で見つめ直されているんだろうと、現状はそう受け止めています。

参籠というのはこの熊野本宮だけではありませんが、大・中の神事のときに、神職は必ずおこないます。

神社というのは皆さんご存じと思いますが、大祭（大きい祭り）、中祭（中間の祭り）がありまして、そのお祭りの時はほとんどが、ご社殿近くの建物に神職が参籠します。いっさい境内地から出ない。外へは出ない。あくまでも神社の境内で参籠して、神事を心静かに迎える。そうして神と一体化するんです。表現は極端ですが、そういうふうな一念で、参籠というのが現在も行われています。それは本宮だけではなくて、全国の神社でもやってはおられますが、特に本宮の場合は、まえに申し上げたように、「春の大祭」での湯峯温泉の湯垢離も含めて、秋、正月のお祭りのころには参籠して、神事を斎行するという形を現在も執り行っております。

植島　利典さん、参籠についてですが、かつてはきちんとした精神状態をちょっと外れないと見えないものがたくさんあった。普段の合理的で理性的な状況からちょっと外れないと、いろんなものが見えなかった。

そのために参籠をしたりとか、特別な修行とかがあったと思うのですが、修験の側からすると、それはどういうことになるんでしょう？

田中　熊野のことに特記して喋ることは私にはなかなか難しいんですね。修験についていえばたいへん身体性をもった宗教ですが、単に山林《さんりん》抖擻《とそう》だけではありません。

植島　もう一言いいますと、熊野では、参籠して、寝て、何かお告げを待つと、非常に受身ですよね。修験というのは、もうちょっと能動的な意味合いをもっている気がします。

田中　たしかに、修験というと近頃は山林抖擻しか思い浮かばないようですけれども、でも大峯峯中には笙《しょう》の窟《いわや》をはじめ、参籠所はたくさんあるんですよ。元々今の奥駈修行というのは、七五の「靡《なびき》」を駈けて行くといいますけれども、本来は峯中には一二〇ぐらいの行所があったのが、だんだん七五に集約されるんです。で、そのほとんどが修行拠点なんですよね。そこに行者が籠って、そこで参籠して、これを「宿《しゅく》」というんです。深仙の宿とか古今の宿とか、それは元々、参籠の行場なんです。

山の聖なる場所に入って、宿に籠って霊的なもの、呪術的な力を受けてくる、あるいはそういうものに近づいて聖的な力を体にひっつけてくるような、そういう行の形が山林抖擻という、ただ歩き通すというものとは別に、もう一方にあったのです。本来、神道がもっていた世界と同じようなものが山中にあったと思うんですけどね。

植島　天川の近くには蟷螂《とうろう》の窟とか蝙蝠《こうもり》の窟とか、有名な参籠所がありますね。あいうところは奥駈では通り越してしまう？

田中　今は歩くだけですけど、本来はそこで参籠し、たとえば「晦日山伏《みそかやまぶし》」ということ、冬のあいだ籠もり続けて、春になって出てくるという修行も行われていました。山中に籠ることで力を得たのです。能動的なイメージで、修行という身体を動かすことで、高まりを得るという部分だけが強調されがちですが、元々神道的な霊が憑依するというか、そういう場所でもあったと思います。

修験でも参籠修行は、今は非常に減ってはいますが、それでもときどき笙の窟に一〇〇日、二〇〇日と籠って修行する行者はいます。昨年も深仙宿に一〇〇日籠った私どもの行者がいたんですね。まあ少ないながら、続けられているのも事実です。

植島　仏教では、たとえば親鸞上人が六角堂で開陳の経験をしますね。法然もそうだし、慈円もそうだし、先ほどの一遍上人もそうですが、みんなそういう経験をもちますよね。ですから、参籠というのは仏教の中でも非常に大きな役割を果たしているのかなと思ったんですが、やはりそうなんですね。修験と参籠というのは今まであまり結びつかなかったし、今の段階では、そういう修行はほとんどなされていないと思っていましたが。

田中　ええ。そういう人もいると。でも現代人はみんな忙しいのでね、一〇〇日も籠っていると奥様に怒られますから、減っちゃったのかもしれませんね（笑）。それと明治の修験道廃止によって解体されて、参籠の伝統が大きく損なわれたということもあるでしょう。

植島　そうですか。

熊野本宮大社は、インキュベーションというか籠りの場として何かそういう地の利をもっているとお考えですか？

九鬼　それはあると思いますね。だから、熊野には本当にいろんな人が来られますよ。

自分はスサノオの生まれ変わりだとか、自分はアマテラスの生まれ変わり、役行者の生まれ変わりだとか、もう本当に思い込んで来られる人が多いんですね。それがいいとか悪いとかいえませんよ。否定しません。しかし、こちらが迷ってしまうような、すっかりその気というか、自分が本当にスサノオの生まれ変わり、役行者の生まれ変わり、アマテラスの生まれ変わり、それからあとは空海の生まれ変わりだとか、いろんな方が熊野へ来られます。

来る時に自分が思い込んでしまうのか、何かの波動の影響でもあるのか、ちょっと私には何とも解釈しがたくて、いえませんけれども。

熊野はやはりそういう誘因力があるんだろうと思いますが、何かがあるというのは間違いないんですが、私もお仕えしていて、お祭り・神事も参籠もしつつ、お勤めしながらも、それでも見えません。見えない。

しかしながら、こうあって欲しいと思った時に、皆さんと同じく、願いがふとした瞬間に思わぬ方向でかなう場合があるんですね。これは何とも言葉でいえないし、霊的に降りてきているわけじゃなくて、瞬間的なひらめき、結果、想念というものが自分の目の前に見せられたり、後々になってから「あぁ、あれはこういう意味を呈する事柄であったんだろうな」と体感することは多々あります。

植島　吉野もそうですよね。吉野も政治的に敗北というか、失脚した人たちとかが多く訪れている。再生、よみがえりを念じて訪れるのでしょうか？

田中　熊野がよみがえりのご利益という意味では、吉野も再生の場所ですよね。大海人皇子以来、源義経や後醍醐天皇をはじめ、たくさんの歴史が残されています。残念なことに、大海人皇子以外はみな負けているんですけど。

植島　それがまた日本人の心を惹きつけるんでしょうけどね。

田中　そうですね。判官びいきが日本人は好きですからね。ただ、吉野も熊野と同じように、やはり役行者の生まれ変わりとか、スサノオの生まれ変わりとか、ちょっと気の病んだような、思い込みの激しい人がたくさんお出でになります。

ただ、参籠については、先ほど大峯でも昔は参籠行者がたくさんいたという話をしたんですが、大峯で参籠するとなると、よほど気力体力がないとできないんですよ。それこそ松の実、木の実を食って、木食で生きるぐらいの智恵や気力がないとねえ。それはたいへん専門的なことで、一般の人が入って行って、それができる場所ではなく、そういう厳しさが修験にはありますね。熊野の場合は、多分そこまで厳しくなくても、そういうことができる場所であったというのが、もしかすると大峯との違いかもしれませんね。

植島　利典さん、最近、奥駈に行らしたばかりですよね。

田中　四泊五日で帰ってきました。

植島　もうそろそろ止めようと思いませんか？

田中　今、喜蔵院という寺の住職さんが最長老の六五歳で、まだ現役の大先達なんですよ。そうすると、なかなか五〇代では止めにくいですね。

植島　今年の奥駈はいかがでした？

田中　今年は梅雨の時期の奥駈にもかかわらず、あまり雨に遭わず、いい修行をさせていただけたように思います。毎年同じ道を歩くんですが、毎年様相が違います。

そこに意味があります。ただ毎年違うのは、自然がずいぶん壊れていっているという実感もあり、私自身が年のせいか周りに目が行くようになって、ずいぶん自然が壊れていることに気づくようになりました。

二四、五歳から歩き出して、私はここ三〇年間で二年に一回ぐらいの割合でしか行っていないんで、まだ一四回目くらいでしょうか。その奥駈ですが、若い時は若い時なりにしんどかったし、今もしんどいんですが、しんどさが違うというのがあって、何か最近は苦しさよりも、ありがたいほうが大きくなったと感じます。卓越したすごい宗教家みたいなことをいいますけど（笑）。

植島　すごい宗教家ですよ（笑）。さきほど、熊野本宮のお籠りは受身だと僕がお話したのは、逆にこの修験は荒行というか、非常に厳しい修行を繰り返すじゃないですか。普通の人はなかなか奥駈に参加できないと思うんですけど。

田中　そうでもないですよ。私が行ってるくらいですから。ところでさっきの湯垢離ですか？　その湯垢離とは違いますが、吉野は吉野川で水垢離をとります。六田《むだ》の渡しというのが、吉野から入ると一番めの靡所、熊野から来ると最後の靡所になりますが、まずその川で水垢離をとっていきます。お湯に入るほうがずっと楽なんでしょうけど、そういう厳しさが修験道の前提なので、湯垢離とは違って、たいへん能動的な宗教であるのは間違いない。

植島　奥駈といえば、玉置神社は修験にとってはひとつの重要な拠点なんですが、宮司はその玉置神社に対してちょっと違和感を感じるとのことでしたが。

九鬼　いや、違和感ということではありません。ただ、玉置は熊野のいわば「奥の院」と喧伝しています。「玉置山は熊野三山の奥の院で、格別の由緒があり」と。これは納得がいきません。それは三山にも共通していると思います。別に納得行かないというのは、江戸末期まで本宮の末社であって、結局神社のお祭りとかに形が残っていないわけで、何の根拠もないいんですね。修験道の方は玉置さんは靡のひとつですから、そこを通って奥駈で熊野本宮へお出でになる。それはいいんですが、「奥の院」という発想がどこにあるのかというのが、ちょっと疑問なんですね。

田中　玉置神社は元々近世まで高牟婁院《たかむろいん》という本山系の修験のたいへん有力な寺院があって、玉置修験の一大拠点になっていたんです。本山系の修験ですから、当然、熊野本宮が本山修験の本拠地ですが、もうひとつの拠点として高牟婁院というのができて、そういう意味では、高牟婁院というのは本宮に対して奥の院的な存在だと主張したんでしょうけれども、明治に高牟婁院はボコボコにされて解体されたんです。山伏たちもたくさん抹殺《まっさつ》されるし。和歌山は実はいちばん神仏分離、神社合祀令によって鎮守の森の伐採などを率先したところなんですね。

植島　そうですね。和歌山と三重ですね。

田中　玉置は奈良県ですが、和歌山に近いですから。その背景の中で、あそこは明治期にリセットされて、今の玉置神社になっている。アイデンティティはどこにあるかというと、元々は神社とは違うわけでしょ。それを熊野本宮の奥の院というい方をされると不愉快だというのは、ある種うなずけますね。

もうひとつは、個人的には、結構スピリチュアル系の人たちの拠り所になっていて、変な人が「あそこがすごい」っていうんですけど、本来の形とはちょっと違ってしまっている。私も東南院の奥駈の時は何度も行ったところなんで、最近の変遷ぶりも実感しています。

九鬼　私も批判してはいませんし、あくまでも一般の宣伝文句に「熊野の奥の院」という言葉を使われるので、一般の方々に、事情をよく知らない方に誤解を招くことがあるのではないかと考えるわけです。江戸期の絵図では遥拝所の存在がしめされていますが、修験のためのものであり、祭りなどの関わりは一切ありません。

植島　そうですね、よくわかりました。

ところで、利典さんは講演内容もパワーポイントで作られるそうですね。

田中　ええ。それで「修験道とは何か」を、私はいつも要点を三つに絞って説明しています。

一つ目が、「山の宗教（山伏の宗教）」。山に伏し、野に伏す宗教のこと。その修行する場所が大自然で、大自然が道場だということですね。

二つ目が、「宗派を超えた実践主義」と説明しています。修験というのは実修・実験・あるいは修行得験といいます。修行によって験力《げんりき》を得ること。その験力が神の啓示であったり、自分自身が悟り的な高まりを得るとか、そういうことです。とにかく「宗派を超えた」と書いたのは、神主も歩きますし、他の宗派の人間も一緒に修行するという、そういう大らかさと猥雑さも持っている。修験道ですから、修験宗というより修験道という、そういう懐の広さがあるのです。

三つ目が、これが最も今日のお話とつながるんですが、神仏混淆の多神教的宗教ということ。

左の写真のお像が私どもの本尊の金剛蔵王権現という秘仏で、「権現」というのは、「仮」という意味なんです。仮に現れる。仮に現れるんですから、元があるわけで、この三体の金剛蔵王権現の場合は、中央はお釈迦様で、左右が観音様と弥勒様が本地仏。それが権現の姿で現れた権現神。だから権現は神でもあるし、仏でもある。日本にしかない神様です。

左尊（弥勒菩薩）中尊（釈迦如来）右尊（千手観音菩薩）

金峯山寺蔵王堂の金剛蔵王大権現。左から釈迦如来（過去世）、千手観音（現在世）、弥勒菩薩（未来世）。金剛蔵王は金剛界と胎蔵界を統べる意味も表す（通常は秘仏として公開されていません）。

日本人が受け入れてきた仏というのは、実はインドで生まれた仏ではなくて、日本人が神として受け入れてきた仏なんだと思っています。蕃神《あたらしがみ》ですよね。だから日本人にとって「仏教ですか？　神道ですか？」が愚問というのは、同じものとして受け入れてきて、もう一四五〇年経ってしまっているということだろうと思います。

吉野から熊野にかけて奥駈修行に出発する時は、蔵王堂という大きな伽藍がありますが、そこから出発します。

だんだん山の中に入って行くと、伽藍が祠になり、祠が石仏になり、終いに木であったり石であったり、あるいは池であったり太陽であったり、もう建物の姿も神仏の姿もなくて、自然そのものが神であり仏になってくるのです。

これは実は修験道だけではなくて、日本の宗教心の基礎だと思います。

ですから、熊野本宮に行っても、家津御子大神《けつみこのおおかみ》がおられるか、おられないかじゃなくて、本宮のあの場所にサムシング グレート、それを神と呼んでもいい、仏と呼んでもいい、それを拝む。熊野三所権現、千手観音さん、薬師如来さんと阿弥陀如来さんという信仰も、まさに神の姿であり、仏の姿でもあるということを受け入れてきたひとつの証のようなものでしょう。

修験の修行というのは、一日一三時間ぐらい歩きます。神がおられる、仏がおられることを前提に歩くことが大事なんです。

植島　修験には、わかりにくいところが多いと思うんですが、たとえば山岳修行者全般を「修験」といっていいんでしょうか？

田中　ちょっと違うかもしれませんね。山岳修行者の中には密教の修行者もおられますし、古くは道教の行者もおられますし、神道の行者もおられる。修験道の行者と特定すること自体が、実はたいへん近代的な考え方なのかもしれません。宗派という概念も、非常に近代的な考え方で、明治より前はどうも宗派という概念も怪しいんです。

山では、各宗のお坊さんが何宗だからとあまりこだわっていなくて、はるか平安時代は八宗兼学《はっしゅうけんがく》とか、こだわることなく融通無碍《ゆうずうむげ》にこの宗派がどうのこうのということはなかった。まして修験がやっていることは、山で修行する人々が全般にかかわることで、修験というのは「験を修めた」といいましたけれども、密教の行者が山に入って修行して験力を修めれば、これは修験者になるわけですね。念仏の行者も法華の行者もそうだと思うんです。そういうものが修験であって、修験宗ではないところだろうと思うんですけどね。

植島　験力というのは、どんなものですか？

田中　験力のとらえ方はいろいろですが、超能力であるとか、超自然的な力ということだろうと思います。ただ、仏教的な解釈になりますと、悟りに近づくとか、非常に教義的なものになるんですが、いずれにしても山中で行をすることで自分の中に生み出す力、それがどういう表れ方をするかは千差万別なんでしょうけれども、行によって得るところのもの、これすべてが験力になる。

植島　第三者から見てわかるようなものではない？

田中　霊能力でさえ初めからもった人はいますのでね。修行によって必ず得られるかどうかはわからない。ま、私自身は超能力を得たことがないので難しいんですが、ただ、先ほど九鬼さんがおっしゃったように、「啓示」といってしまうにはちょっと遠慮もあるけれども、たしかに場の力、あるいは行の中でサムシング グレートを感じる、自分の中で生まれてくるようなものはやっぱりあると思いますね。

植島　吉野から本宮にたどり着きますね。そこで何をなさるんですか？

田中　行列を組んで境内に入り、本宮の社殿で最後の勤行《ごんぎょう》をさせていただきます。そこが我々の終着点ですから。吉野を出発して、熊野本宮大社で勤行を上げて、今年の修行が終わるわけです。感謝の気持ちでお勤めさせていただくんです。無事に来たという喜びですね。

植島　田中さん九鬼さんのおふたりが、この鼎談によって交流が生まれたとお聞きしてびっくりしたんですが。

田中　私は出身が京都府下の綾部という田舎で、江戸時代、綾部の藩主は九鬼さんでしたから。元々そういう親近感がありました。何で熊野古道の鼎談に出ているのかといえば、特に九鬼さんとの鼎談と伺ったので、これを機会に少しお付き合いをさせていただこうかなと考えるところもあります。またこれはまったく個人的なことなんですが、若い頃にある霊能者さんから、

「あなたの守護神の一人は家津御子の神さんですよ」といわれたことがあるんです。

ですから、本宮さんと私自身がたいへん縁が深かったという思いをもってここにやって来ました。

植島　九鬼さん、今、家津御子という名前が出ましたけど、「本宮大社のご祀神は？」と聞かれたら何とお答えしたらいいんでしょう？

九鬼　先ほど出ましたけれども、三山とも熊野のお祀りしている神はおよそ同じなんです。一二柱の神と仏が祀られています。

那智の火祭りも「一二松明」出るというのは、一二の火の櫓に大神が宿って、そして焚き木の元に戻るという、ああいう一二の焚き木というのはそうなんです。

本宮の場合は、スサノオ＝家津御子大神ですし、あと那智大社は、ご存知の方も多いと思いますが、イザナミ＝夫《ふ》須《す》美神《みのかみ》、そして速玉大社はイザナギ＝速玉大神《はやたまのおおかみ》

さん、ということになっています。

ですが、熊野全体としては、あくまで私の一方的な思いですが、つい今年になって再確認もしたわけですが、イザナミさんだと思います。

植島　それはまだ、どこにも書かれていませんね。

九鬼　書かれていません。そして案外忘れられている。今後、熊野本来の動きがこれから大きく変わるだろうと、私は自分なりに思っております。案外どの書物にも、このイザナミさんという記述がありません。

熊野那智大社は、今申し上げたようにイザナミさんなんですが、本宮の場合も、このイザナミさんの荒御魂《あらみたま》と和御魂《にぎみたま》をお祀りしているんです。

和御魂というのは、イザナミさんは女性の神ですから、女性が持っている本来の優しい大らかな、慈しみを持った御魂を第一殿でお祀りしています。荒御魂は女性のもつ命を産み出し、かつあらゆる心を育む時の激しい御魂で、大斎原の近くに産《うぶ》田社《たしゃ》というところがありまして、その場所に荒御魂が鎮まっているんですね。

植島　その産田社というのはどこにあるんですか？

九鬼　熊野川沿いです。川沿に堤防がありますが、その傍らに祠があります。被災前の産田社は、大斎原から約二～三〇〇メートル離れた熊野川の堤防のところにあり、そこで洪水に遭ったんですが、何も残らなかったものですから、石祠としてご社殿の裏手の祓所王子《はらえどおうじ》と並べて一時お鎮まりになっていたんです。それが区画整理があり、堤防沿いの一画だけが本宮大社の土地だと判明しました。前宮司も産田社の正確な場所がはっきりわからなかったので、多分どことはいえないがここらへんだろうという推測はありました。偶然にも行政のほうから、この場所は本宮大社の土地ですという報せを受けて、その場所が産田社だとはっきりわかったものですから、平成元年に石の祠を遷座して、御魂をお遷し申し上げたわけです。

産田社の背景は吉野、そして正面を大斎原、そして那智、そして向ってちょうど東方向、これは三重県の花の窟神社、そして反対に本宮ご社殿ですね。そのあと高野山、ルートはわかりませんが、直線で結んでいくとそういう関わりが浮き彫りになって、このイザナミさんというのが本来の熊野の、いわば根底にあるだろう、というふうに私は考えています。

植島　もう一回おさらいしますと、一般には、熊野本宮の主神は家津御子、新宮の主神は速玉、那智の主神は夫須美の神といわれますね。この三神を熊野三山でそれぞれお互いに勧請し合うけれども、主神はそれぞれにいることになっています。普通にいうと、熊野本宮に入って正面の證誠殿ですが、そこには家津御子大神が祀られています。ということは、主神といわれたら家津御子大神じゃないんですか？

九鬼　そうなんです。主神はそうなんですけど、私なりの理屈ではなく、感じる部分があります。この本宮の正面に證誠殿がありますが、これがスサノオさん。

しかしながら、ここの場所には本来はイザナミさんがお祀りしてあったんです。

本来、イザナミさんを中心に祀っていた時代があるんですよ。神仏習合の時に。その時に、僧侶と神主とのいわば意見の違いがあって、一時、このイザナミさんをお祀りしたんですが、しかしながら、本来やはり元に戻すべきだということで、家津御子に戻した経緯があるんです。

よく神社に行きますと、ご社殿があって、正面の屋根のところに千木《ちぎ》があるんですが、内削《うちそ》ぎ、外削《そとそ》ぎで、一般な神社ですと、内削ぎの場合は女性の神で、外削ぎは男性の神をお祀りしています。千木でこの社には女性の神をお祀りしている、男性の神をお祀りしているというひとつの目印があるわけですが、それが本宮では合致しない。

女性の神の千木がそのまま残っている状態で、現在に至るわけです。

植島　拝殿も、家津御子のほうには向ってないですよね。イザナミさんのほうに向ってますね。

高野山と熊野はよく対比されていますが、つまり、熊野は信不信を問わず、信じる人も信じない人も、男も女も、差別され

千木は、神社の御社殿の棟で交差する

た人や穢れた人もみんな受け入れると。和泉式部に月の障りがあっても受け入れる。そうやって何もかも受け入れるけれども、高野山は、いまではちがっていますが、つねに厳しい女人禁制を守ってきたところですよね。

そういうところから考えても、それから神様の系譜を考えても、社殿の形からしても、熊野の神様というのはどうしても女性的な神格としか思えないんですね。

九鬼　私も今回、改めてそれを確認したわけです。

植島　なるほど、そうですか。

九鬼　いやいや、これは知ってもらう必要がありますし、何も隠すこともなければ、私なりの考えですから。

これが事実であるかどうかわかりませんが、しかしながら、江戸以前の熊野本宮の絵巻にも、産田社という場所が残っているわけです。描かれているんですよ。これは多分、いちばん最初に行ったのはイザナミさんの荒御魂を花の窟から御魂を受けて、先にこの場所に荒御魂を鎮めて、荒々しい御魂を先に鎮めることによって、そしていわばその土地をならした状態のところに、スサノオ、いわば家津御子の大神とそういう神々が降臨されていっただろうと、お迎えされていっただろうという、ひとつの推測に至ったわけです。

那智は先ほど申しましたように、イザナミさんですが、本宮もイザナミさんというのは、本来、熊野の根底にあるのは、やっぱり花の窟が見え隠れしているように、私は感じるんですね。花の窟神社の奥のほうに産田神社という社があります。だから、本来の関わりが、現在に至るまでのどこかで途切れてしまっているんじゃないかと思いますけどね。

植島　三重県、出番が来ましたね（笑）。

普通、熊野が文献に出てくる最初の神は、「熊野坐《にます》神社」ですから、熊野に坐を持つ神様であると。そして、夫須美の神様、「玉《たま》・結《むすび》（夫須美）」というのはひと

産田神社

つの言葉ですが、要するに何だか正体がわからない。

他の神社と違って、熊野大社がいちばん違うのは、『古事記』や『日本書紀』の系列と神様が違うからですよね。あとからこじつけでいろんなことをいうこともできるけれど、本来は家津御子も夫須美の神も、みんな『古事記』『日本書紀』には出てこない神様じゃないですか。ということは、むしろ日本のいちばん伝統的な、土着的な、地主的な神様ではないかと思うんですね。

その地主的な神様の性格としていちばん何を反映しているのかというところで、「主神は家津御子である」といってしまうと、見えないものがたくさんあるわけですよ。家津御子だと何だかよくわからない。食べ物を主祀するとか、木の神様だとか、いろんなことをいっているけれども。

ところが、歴史的に出てくる文献の中で、熊野のもつ女性性というのがすごく強く感じられるんですね。そうすると、イザナミと結びつけていくのはかなり必然的なことかなとは思えるんですけど、果してどこまで立証できるかどうか。

九鬼　だから、これはあくまで私の考えで、先ほど申し上げたように、那智にも速玉にもイザナミさんの荒御魂と和御魂を別々にお祀りしているところはないんです。だから本宮の位置付けは、ここに大きなキーワードがあると思います。ひとつの大きな糸口、イザナミさんの荒御魂の元社というものが大きなひとつのポイントであろうと考えます。

結局、お母さんのイザナミさんは、いくらスサノオが暴れん坊であっても、「遠くから常に見守り、崖っぷちに立たされている時でもすぐに道を正す方向性を示せる」という思いがあるんだと考えます。そういう思いから、イザナミさんの荒御魂があの場所にお鎮まりになっていることによって、スサノオの動き全体を、熊野の神々の全体を、あそこで見守るという意味合いがあるのではないかと考えています。

植島　利典さん、どうですか?

田中　熊野本宮大社のことはよくわからないんですが、ただ、熊野の女性性という意味でいえば、我々は吉野から熊野にかけて修行する中で、大峯峯中を金剛界、胎蔵界になぞらえるんですね。

深仙の宿の手前のところに両峯分け《りょうぶわ》という行場がありまして、その両峯分けよりも北が金剛界で、南の熊野までが胎蔵界なんです。

胎蔵界とは、つまり母なる知恵の象徴ですし、金剛界というのは、父なる知恵の象徴みたいなものですから、あの大自然で修験者が観想したのは、北側が男性的なもので、南側は女性的なもの。実際に歩くと、南奥駈道はずいぶん山の景色が北とは変わっていて低くなりますし、なだらかになる。そういうものの最終地が熊野本宮大社なんですが、女性性の象徴というとらえ方は修験者もある種持っていたのかもしれませんね。

植島　体感的にというか、産田神社と花の窟の関係、三重県にありますね。似た関係が熊野大社にもほのかに見えるということですか？

九鬼　見えると思いますね。だから、あの花の窟というか、産田神社もその後ろの山手のほうにございますが、産田神社自体も大きなひとつの熊野の発祥があの場所に見え隠れするような感じがしますけどね。これは先生のような宗教学者の方がいろいろと調べるうちに、思わぬヒントがどこかに出てくるとか、今後先々出る可能性もありますね。

だから、違った視点で、皆さん方、いろんなニュースでもそうですけど、今までこうであったろうということが、違う方向から調べると、案外思わぬ解答が出てきて、今までとは違ったと。新たな説が出てきたというふうなことで、熊野はそれが大きく見え隠れしている。しかし、同時に、非常に恐ろしい反面もありますけどね。

植島　熊野の社殿構成で、拝殿が、結局、家津御子のほうに向かっていないんですね。速玉・夫須美のほうに向ってますね。まあ、拝殿の成立にも問題があるのですが、やはりこれも謎といえば謎だったわけですね。普通、拝殿は主神のほうに向かうはずですから。

九鬼　だから先生がおっしゃったように、前の大斎原の時も、今もそうですが、主神である家津御子大神であるスサノオさんのほうにはたしかに向いていないんです。

しかしながら、さっき申し上げたように、神仏習合の時に一時といいながらも、イザナミさんをスサノオさんの場所に鎮めたことがある。スサノオさんとイザナミさんと同じご社殿に一旦鎮めた時代があるんですね。お社自体は変わっていませんが、ご祀神だけ行き来があったということです。

植島　僕はどちらかというと海外が専門なんですけど、熊野によく似たところが世界で一ヵ所あるんですね。それはギリシャのデルフォイというところなんですね。「アポロンの神託」のデルフォイなんですが、そこはパルナッソス地方といって、アテネから北西へ遠く離れた海沿いの聖域で、コリント湾に面している。地形的にはかなり熊野に近い。絶壁

デルフォイの遺跡

があって、その絶壁のところに「輝ける石」なんていうのがあるのも、「ごとびき岩」みたいで、ちょっと熊野に似ている。そういうところなんですが、そこはギリシャでも有名な神託・託宣を授ける神様ですが、そこに祀られている神様が元々は女神なんですね。

託宣をもたらす神様というのは、どちらかというと女性性というか女神信仰と深く結びついています。神託・託宣というのはエディプスの神話でもそうですが、全部大地に即しているものというふうに神話学的に理解されています。後にギリシャ神話のパンテオンに吸収されて、「アポロンの神託」として男性的な性格を強めていくことになるのですが、ですから熊野にもそういう要素があるんじゃないかなとは思ってきたんです。

九鬼　本宮の主祭神はスサノオであることに、変わりはないんですよ。しかし、根底に見え隠れする。イザナミさんの本来の動き、神の働きというものが、産田社を通して大きく渦巻いているような感じがいたしますけどね。

先ほど利典さんがおっしゃったように、自然の山並みもそうですし、いろんな形からしてあの場所には女性的な大らかさ、優しさがある。大斎原に来ていない方は一度また来ていただきたいと思いますが、あの場所を上から見ると、よくいわれるとおり、私もそう思いますが、子宮を連想するんです。

だからあの場所は、ノアの箱舟じゃありませんが、あの場所から何か大きなうねりが起きるような、あの場所に行くと、感じる方が足を運ぶとそばへ行きがたい。入れないような何かがある。

何とも思わない人は入れるんですが、ある程度卓越した人が来ると、入った時に武者震い、鳥肌が立つとか、何が作用するのか分かりませんが、アーティストとかスポーツ関係者など、第一線で活躍している方は何かを敏感に感じるとおっしゃることが多い感じがします。私は全然感じませんよ。感じていたら、あそこでお祭りできないと思います。

植島　そういえばデルフォイも、「デルフ」というのは「子宮」という意味ですから、元々共通したところがあるかもしれないですね。

さて最後に、一言ずつ締めの言葉をいただきたいんですが。締めの言葉というか、最後にもう一度議論したいのは、最初に触れた神仏の問題ですね。これはもう利典さんは日本でいちばんの専門家ですから、要するに神仏判然令といいますか、一八六八年、明治維新のそれ以降、日本の宗教がおかしくなったことは誰しもが認めていることで、そのあと、神社合祀であるとか戦後のＧＨＱ指令とかいろんなことがあって、日本の宗教はズタズタになりましたよね。それに対しての処方箋みたいなことを一言ちょっとお願いできますか？

田中　処方箋ですか。残念ながらないですね。

植島　でも、そういう神社と仏教で一緒に何かやろうというグループが今できていますよね。

田中　二〇〇八年三月二日に、比叡山延暦寺で神仏霊場会の設立総会がありまして、一二四にのぼるいわゆる西国——京都、奈良、大阪、兵庫、和歌山、そして三重のお伊勢さんを入れた、西国を中心とする歴史のある神社、お寺が一緒に巡礼の会を作ろうということになり、立ち上がりました。

九月八日に伊勢神宮でお伊勢さんに対する奉告法要式典を行って、最終は伊勢の内宮、外宮も入れて一五〇の社寺で正式に発足をします。たくさんの人に、西国の神と仏が同居した歴史の道、歴史の場所を巡拝して回っていただこうという会ができつつありまして、私も幹事として準備にお手伝いをさせていただいています。

こうした神仏霊場会の発足は、実にすごいことだと思っています。

明治の神仏分離から一四〇年間を経て、ようやく明治より前の姿をもう一度、神社もお寺も取り戻そうという流れが出てきた、と私は見ています。実際に幹事として役員会に出席すると、驚くことがたくさんあります。私は初め、結構疑いながら会議に出るんですよね。なぜかというと、お寺は神仏分離以降も結構、神さんを拝んできているんです。密教のお寺はみんな神さんを拝んでいますし、代表的な例は東大寺のお水取りで、あの時に神名帳《じんみょうちょう》といって、日本中の神様を勧請してから行事を行っている。

ところが、明治以降、神社は仏教的なものを排斥しつづけてきました。まあ、熊野さんは違いますよ。さっきもおっしゃったように、一遍上人の霊跡で「南無阿弥陀仏」なんていうのを建てて、神社本庁から怒られるようなことをなさっているわけですからね。それはすごいことなんですが、他の神社は基本的にやってこなかった。ところが、このところ急速に変ってきているわけです。役員会に出ても、寺側のスタンスはあまり変わってないんですが、神社側の方がいろんなことに「いや、やっていいですよ」という話がありまして、私も目を白黒させているのです。

植島　意外ですね。

田中　意外です。

一四〇年経って日本人が大事にしてきたものがズタズタになる中で、何かが変ってきた。私は、明治以降のいちばん大きな問題は帰属するものを失ったことだと思うんです。神と仏に帰属して、地域に帰属していて、日本の歴史文化に帰属していた日本人が、そういうものを失った途端にこの国はバラバラになり、行くべき先がなくなってしまったんです。

それを取り戻すために何が必要かというと、まずそのひとつとして、神・仏を取り戻すこと。その神と仏は一神教の神仏ではなくて、神も仏も分け隔てなく受け入れてきた神・仏ですよね。そういう意味でビジュアルな形で神社とお寺が手を組んで一緒に回りましょう、と提案することは、これからの日本のありようを考えた時に、非常に面白い試みだと思います。

私が、この会に対して力を注いでいるのは、私は修験という神仏習合を土台とした立場に立っているので、当然だという思いがあるんですが、参加されているお寺と神社が本当にそのことを気付いておられるかどうかは、些か疑問はあります。そこをきちんと理解して目指していくならば、この霊場会は大成功すると思います。逆にその気づきが共有できなければ、あの霊場会は危ういかもしれません。

何せ最終的に加盟寺社が一五〇にもなったんです。こんなたくさんの社寺を一体、誰が回れるんやという話ですよ。朱印帳の大きさだって並じゃない。また各寺社では馴れないところもあるので、多分行った先で冷たくあしらわれることもあると思うんです。「何ですか？」みたいな。だって、大きな寺社ばっかりですから、大きい寺社の偉い人たちが約束したことを、窓口や現場のおばちゃんはあまり詳しくは知らないわけですからね。

そういう心配はあるんですが、もしかすると日本人の宗教観を取り戻す神・仏が、よみがえる大きな試みになるかもしれない。今の日本人は、神・仏は別物だと思っています。そうした教育を受けてきたし。ところが、神社とお寺が神仏習合の会を共同で進めることで、「神と仏は同じなんだ」という認識が広まっていくのは、素晴らしい。坊さんと神主さんがこれを期により以上に仲良くお付き合いできれば、いよいよ神と仏は同じものだなというのが広まって行く気がいたしますね。

植島　そうですね。宮司さんも一言。熊野本宮から見てどうでしょう？

九鬼　神が父であり、仏が母であるという根底は、熊野では変わりませんし、特にそれは本宮が以前から言い続けていることです。だから今お話があったように、神仏霊場の会、これがよいほうに発展して行き、神道・神社界、また仏教界も一丸になって、現在の日本が抱え込んでいる精神的な弱さを――昨年、秋葉原での衝動的な無差別殺人事件といったこともありましたが、困窮している日本の閉塞感を打破すべき点、そして現代だからこそ日本・日本人の心を神仏に仕える神主・僧侶が一体になることで道筋を開いていければと思いますし、それにはやっぱり熊野と吉野がしっかり手を組んでやるべきだと思いますね。

私はそのように思っています。

あとがき

本書は、熊野本宮大社の九鬼家隆宮司と吉野金峯山寺の田中利典執行長という世界遺産「紀伊山地の霊場と参詣道」をめぐる当事者同士の「神仏習合」などについての見解を、宗教人類学者・植島啓司（元関西大学教授）がナビゲーターとしてまとめたものである。これまで多くの熊野本が出版されてきているが、このように神道と仏教（修験道）の権威が共通の問題をめぐってそれぞれの見解を明らかにしたものはおそらく空前絶後ではなかろうか。

これまで謎が多かった熊野信仰および南紀における修験道の役割について、さまざまな形で問題提起が行われ、かつ、独自の見解が述べられたことは、今後の世界遺産「紀伊山地の霊場と参詣道」にかかわられる多くの読者の方々にとっても大きな刺激となるにちがいない。

それぞれの議論がどのように語られたか興味のある方のために、世界遺産5周年をめぐるシンポジウムでの発言も合わせて採録してある。実際には、三人によるシンポジウムは二〇〇七年以来継続的に行われてきたものであり、かなり親しみのこもった率直な発言も含めて臨場感たっぷりのやりとりをお楽しみいただきたい。

こうして一冊の本としてまとめられるにあたっては、三重県東紀州対策室の平野昌さん、原書房の永易三和さんをはじめとする多くの方々の協力が不可欠だった。多くの熱心な聴衆の方々の存在も無視できないだろう。ここにまずみなさんへの感謝の念を記しておきたいと思う。

本鼎談は、世界遺産「紀伊山地の霊場と参詣道」をテーマに、二〇〇七年七月二一日と、二〇〇八年七月一二日に開催した、三重県と朝日カルチャーセンター共催の内容を加筆修正したものです。

本文図版クレジット

金峯山寺	48, 49, 55, 56, 191
熊野本宮大社	71, 73, 86, 117, 138, 145
熊本県教育委員会	10
和歌山県立博物館	24
日本サッカー協会	86
平凡社	22, 23
原書房	4, 7, 13, 14, 15, 19, 26, 30, 31, 47, 71, 75, 79, 102, 145, 169, 202, 207

［著者］

植島　啓司　うえしまけいじ

1947年東京生まれ。宗教人類学者。東京大学卒業。東京大学大学院人文科学研究科（宗教人類学専攻）博士課程修了。シカゴ大学大学院に留学後、NYニュースクール・フォー・ソーシャルリサーチ客員教授、関西大学教授、人間総合科学大学教授などを歴任。著書に『快楽は悪か』（朝日新聞出版）『男が女になる病気』（朝日出版社）『賭ける魂』（講談社現代新書）『聖地の想像力』『偶然のチカラ』『世界遺産 神々の眠る「熊野」を歩く』（いずれも集英社新書）など多数。

九鬼　家隆　くきいえたか

1956年和歌山県生まれ。國學院大學文学部神道学科卒業、明治神宮に奉職、熊野本宮大社に転任し、2001年熊野本宮大社宮司に就任。現在神社本庁参与、和歌山県神社庁理事、和歌山県神社庁田辺市・西牟婁郡支部支部長、國學院大學評議委員、皇學館大学協議委員、世界遺産保全委員、世界宗教者連盟参与。

田中　利典　たなかりてん

1955年京都府生まれ。龍谷大学文学部仏教科卒業、叡山学院専修科卒業、金峯山寺教学部長を経て、2001年金峯山修験本宗宗務総長、金峯山寺執行長に就任。現在、金峯山寺一山宝勝院および京都府綾部市の林南院住職。全日本仏教会評議員、日本山岳修験学会評議員、吉野ユネスコ協会副会長、主要論著に『修験道っておもしろい!』『吉野薫風抄――修験道に想う』『はじめての修験道』ほか。

熊野　神と仏

2009年9月30日　第1刷
2011年1月10日　第3刷
著者　植島啓司　九鬼家隆　田中利典
口絵写真　鈴木理策
装丁　川島進（スタジオギブ）

発行者　成瀬雅人
発行所　株式会社原書房
〒160-0022 東京都新宿区新宿1-25-13
電話・代表　03（3354）0685
http://www.harashobo.co.jp　振替・00150-6-151594
印刷　中央精版印刷株式会社

ISBN　978-4-562-04513-6　Printed in Japan